Katja Alves

Der beste
Fußballer
aller Zeiten

oder: Die Wahrheit
ist nichts für Feiglinge

Mit Illustrationen von
Laura Tschorn

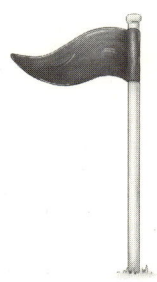

SCHNEIDERBUCH

Die Autorin dankt der Fachstelle Literatur des Kantons Zürich
für die Unterstützung ihres Manuskripts durch einen Werkbeitrag.

1. Auflage 2024
Originalausgabe
© 2024 Schneiderbuch in der
Verlagsgruppe HarperCollins Deutschland GmbH, Hamburg
Alle Rechte vorbehalten

Einband- und Innenillustrationen: Laura Tschorn
Umschlaggestaltung: Frauke Schneider
Druck und Bindung: GGP Media GmbH, Pößneck
Printed in Germany ISBN 978-3-505-15161-3

www.schneiderbuch.de
Facebook: facebook.de/schneiderbuch
Instagram: @schneiderbuchverlag

»In der Schule war er eher unauffällig,
aber ich dachte mir schon, dass Vitor eines Tages
von hier weggehen würde, um der Welt
zu beweisen, was in ihm steckt.«

Vitors Lehrer Armindo Salazar

»Ich bin sehr stolz auf Vitor!
Wir sind einfache Leute, aber ich habe immer
zu ihm gesagt: Wenn der Fußball das ist, was du willst, mein
Sohn, dann unterstütze ich dich, so gut ich kann! Aber du
musst kämpfen! Du heißt nicht umsonst Vitor, du wirst
jedes Schlachtfeld als Sieger verlassen!«

Senhor Santos, Vitors Vater

1. Kapitel
Was für ein mieser Vormittag

»Wenn ich ein Selfie mache, dann sieht man einen
zehnjährigen Jungen mit braunen Haaren. Meistens sehe
ich darauf ernst aus. Als Hintergrund nehme ich das Bild
von Vitor Santos, das über meinem Schreibtisch hängt,
und manchmal hüpft auch mein Hund Sam ins Bild.«

Philip

Am Dienstag gehe ich noch weniger gerne in die Schule als sonst,
also eigentlich minus-null-gerne. Jeden Dienstag müssen wir in so
einem doofen Buch lesen, und das schon seit den Ferien! Ich bin
keiner, der gerne liest. Normalerweise schaffe ich gerade mal zwei
Seiten, bevor ich halb, drei viertel oder ganz einschlafe. Mama sagt,
wenn man lese, würde man »neue Lebenswelten« kennenlernen,
was völlig übertrieben ist. Es reicht vollständig, wenn man sich in
einer Welt gut auskennt. Bei mir ist es die von Vitor Santos, dem
besten Fußballer aller Zeiten. Dank ihm erlebte ich all die Dinge,
die ich sonst nie erlebt hätte, auch wenn Phoebe das Gegenteil
behauptet, was bei ihr übrigens ziemlich normal ist. Bis mir die
Sache mit dem Buch passierte, war ich in der Schule hauptsächlich damit beschäftigt, nicht aufzufallen. Und ich bereute es auch
sofort, dass ich die Klappe so weit aufgerissen hatte.

Frau König, unsere Klassenlehrerin, stand vor meinem Tisch und sah mich kopfschüttelnd an. »Du meinst also, du willst das Buch nicht lesen, weil eine Mutter drin vorkommt? Also das verstehe ich jetzt wirklich nicht, Philip, das musst du mir erklären! Es ist doch ganz normal, dass Kinder Mütter haben – zum Glück!«

Ein Raunen ging durch die Klasse. »Vielleicht mag er mehr so fantastische Geschichten mit Einhörnern«, sagte Ella, die eine Reihe vor mir sitzt und immer alles kommentieren muss.

Sicher nicht, so eine blöde Kuh! Unsere Klassenlektüre, das Buch von dieser Mutter, die zusammen mit ihrem Sohn für ein Jahr bei den amerikanischen Ureinwohnern lebte, lag mitten auf dem Boden des Klassenzimmers, genau da, wo es nach meinem Wutanfall gelandet war. Ich fixierte die Stelle auf meinem Schreibtisch, an der jemand mit schwarzem Filzstift ein X hingemalt hatte. Wenn ich lang genug darauf starrte, würde sich das X vielleicht in Luft auflösen oder meine Lehrerin, was eindeutig die bessere Variante wäre. Frau König redete immer weiter, aber ich hörte ihr überhaupt nicht zu. Im Weghören bin ich nämlich Experte, das beherrsche ich mindestens ebenso gut wie den Ball jonglieren. Rechter Fuß, linker Fuß, zwanzigmal ohne Unterbrechung ist mein bisheriger Rekord. Mama hasst es, wenn ich im Flur übe, vor allem während sie mit mir redet: »Sag mal, Philip, möchtest du dich nicht für den Schulgarten anmelden?« Rechts, links, rechts, links ... Ohren zuklappen und nicht rausbringen lassen.

»Philip!«

»Was?«

»Ich rede mit dir!«

»Ich geh nicht in den Schulgarten! Niemals!«

Rechts, links, rechts ...

»Siehst du, Mama, wegen dir muss ich noch mal von vorne anfangen!«

Keine Ahnung, was ich in diesem öden Schulgarten sollte, da gibt es doch nur Mädchen und Loser. Aber Mama und ihre Freundin Trine sahen das überhaupt nicht ein und behaupteten, es sei »unglaublich spannend«, den Pflanzen beim Wachsen zuzusehen. Dem einzigen Grünzeug, dem ich beim Wachsen zusehen wollte, war der Rasen auf dem Fußballplatz! Aber das kapierten sie nicht. Genauso wenig, wie sie verstanden, dass ich nicht in diesen öden »Ich näh mir meinen Hoodie selbst«-Nähkurs für Kinder gehen wollte. Mama sagte, es sei sehr nützlich, wenn man möglichst vielseitig talentiert ist. Ich möchte trotzdem lieber nur einseitig talentiert sein, und zwar im Fußball, so wie mein bester Kumpel Mo aus meiner Klasse. Wenn ich wie er zweimal in der Woche trainieren dürfte, dann wäre ich bestimmt genauso gut wie er, also eigentlich sogar ganz sicher.

»Philip, hörst du mir überhaupt zu?« Frau Königs Stimme klang ungeduldig.

Ich starrte das nächste Loch in die Luft, sämtliche Wörter hatten sich aus meinem Kopf verabschiedet.

Frau König ging mit forschem Schritt zurück zu ihrem Schreibtisch und sagte für den Rest der Stunde kein Wort mehr zu mir, aber nachdem es geklingelt hatte, hielt sie mich zurück. »Wir vergessen, was da vorhin passiert ist, Philip, denn ansonsten machst du deine Sache ja gut.« Sie lächelte aufmunternd.

Ich hätte sie gerne gefragt, warum sie mir dann in fast allen Fächern ein Ungenügend gab. Aber ich traute mich nicht. Was für ein mieser Vormittag, jetzt kam ich mir definitiv wie ein Loser vor.

»Ist doch normal, dass die Mutter im Buch mitmacht!«, erklärte Mo in der großen Pause. »War ja ihre Idee, zum alten Indianer-Chef ins Reservat zu fahren.«

»Man sagt nicht ›Indianer‹«, erklärte Blerim wichtig. »Es heißt ›amerikanischer Ureinwohner‹.«

»Das weiß ich auch!« Mo kann es nicht ausstehen, wenn man ihn verbessert, was Blerim jedoch regelmäßig vergisst. Mo, der eigentlich Mohammed heißt, weil sein Vater ihm einen schönen muslimischen Namen geben wollte, den aber trotzdem alle nur Mo nennen, ist so etwas wie mein bester Kumpel in der Schule. Und eigentlich wusste er ganz genau, weshalb ich dieses nervige Buch nicht lesen wollte. Er behauptet nämlich selbst immer, bei uns zu Hause gehe es zu wie auf einem Mädchengeburtstag. Es nervte mich, wenn Mo so etwas sagte. Aber leider hatte er recht, denn bei uns zu Hause ging es wirklich immer nur um Mädchen-zeugs.

Mama und ihre Freundin Trine führen zusammen den Baby- und Schwangerschaftskleiderladen *Luftballon* unten bei uns im Haus. Trine ist aber nicht so oft da wie Mama, weil sie eigentlich Juristin ist und Frauen mit wenig Geld dabei hilft, komplizierte Formulare auszufüllen. Mama hatte früher auch andere Berufe, aber jetzt kümmert sie sich hauptsächlich um den Laden und näht gelbe und graue Babykleider mit weißen Punkten. Rosa Kleidung für Mädchen findet sie total blöd. Dabei ist das vollkommen egal, Mädchen bleiben immer Mädchen, ob man sie rosa anzieht oder nicht, und Babyläden sind sowieso das Langweiligste, was es auf der Welt gibt. Mo sagt, der Frisörsalon seiner Tante in Pristina sei auch sehr, sehr übel. Aber da muss ich ja nie rein. In Mamas Laden hingegen muss ich jeden Tag, wenn ich von der Schule komme und meinen Hund Sam abholen will. Er liegt tagsüber zusammengerollt unter dem Ladentisch auf meiner alten Kinderdecke, damit er sich nicht alleine in unserer Wohnung langweilt. Wenn ich zu Hause ankomme, gehe ich immer als Erstes zu Sam, das ist wichtig, damit er weiß, dass ich wieder da bin.

In den *Luftballon* kommen nie normale Menschen, sondern immer nur Mütter mit dicken Bäuchen oder mit quengelnden Kleinkindern, die im ganzen Laden ihre angeknabberten Kekse verteilen. Jungen in meinem Alter bin ich in Mamas Laden noch nie begegnet. Logisch, denn das Hirn von jedem Jungen stößt sofort Warnsignale aus, sobald er in die Nähe eines Babyladens kommt.

Leider wohnt auch sonst niemand in unserem Haus, mit dem ich was machen könnte. Das war zwar schon immer so, aber ich finde es trotzdem blöd. Deshalb will ich auch unbedingt wieder zu den *Kickers Schönfeld* (das ist der Fußballverein, in dem Mo trainiert). Vor genau einem halben Jahr durfte ich da zum Probetraining. Leider lief es nicht so toll. Aber es war überhaupt nicht meine Schuld! Das erste Mal kam ich zu spät, weil Mama vergessen hatte, sich von Trine das Auto zu leihen. Und als wir endlich auf dem Fahrrad ankamen, bekam ich zuallererst zwanzig Strafliegestütze aufgebrummt, bevor ich beim Aufwärmtraining mitmachen durfte.

Herr Branko, der Trainer, war ziemlich schlecht gelaunt und hat Mo und mich dauernd angeschnauzt, wir sollen nicht so viel rumquatschen und wie »ein planloser Hühnerhaufen« auf dem Platz rumstraucheln. Dabei wollte mir Mo nur kurz zeigen, wie man den

Ball hoch in die Luft schießt und mit dem Nacken wieder auffängt. Ein Trick, den er auf Youtube gesehen hatte, aber noch nicht so gut beherrschte (was Mo abstritt, obwohl es jeder sehen konnte).

Nach dem zweiten Training wollte Mama unbedingt mit Herrn Branko reden, und als wir wieder zu Hause waren, erklärte sie mir, sie habe das Gefühl, es sei noch nicht der richtige Zeitpunkt für mich, im Verein zu spielen.

»Aber Mama, ich muss zu den Kickers! Du hast es mir versprochen!«, rief ich entsetzt.

»Philip, das Training läuft dir doch nicht davon«, sagte Mama. »Wir kümmern uns nach deinem Wechsel aufs Gymnasium darum. Versprochen. Jetzt geht erst mal die Schule vor, das haben wir doch schon besprochen.«

»Aber wieso? Ich kann doch auch auf eine andere Schule?« Doch Mama redete immer weiter und behauptete, das »aufgeblasene Macker-Gehabe« von diesem unfreundlichen Glatzkopf (Herrn Branko) ginge ihr auf den Geist (als ob das jemanden interessieren würde) und dass Schönfeld im Übrigen auch viel zu weit weg sei. Und zudem hätte sie weder Lust noch Zeit, jeden Samstag auf ein Turnier zu fahren, und auch nicht, selbst gebackene Kuchen anzuschleppen, wie das von den Müttern erwartet würde. Mama war nicht zu bremsen.

»Herr Branko ist nett!«, unterbrach ich sie (obwohl er mir ein bisschen Angst gemacht hatte). »Und Mo sagt, mit dem Fahrrad dauert es höchstens eine halbe Stunde, nach Schönfeld zu fahren ... Er macht das auch, wenn sein Vater keine Zeit hat, ihn zu bringen.«

»Philip, hör mir zu, wir suchen dir einen anderen Verein ...«

»Und Trine kann doch den Kuchen backen, sie backt mir ja sonst auch immer die Geburtstagskuchen«, fuhr ich unbeirrt fort. Aber je mehr ich reklamierte, desto beharrlicher wurde Mama. Sie gehört leider überhaupt nicht zu der Sorte Mütter, die sich erweichen lassen. Da hat Mo schon mehr Glück. Er braucht nur ein paarmal heimlich zu gähnen, damit er tränende Augen bekommt, und schon gibt seine Mutter klein bei, und er darf alles machen, was er will. »Mein Vater würde mir das bestimmt erlauben, wenn er da wäre!«, schrie ich und spürte, wie mir Tränen in die Augen stiegen.

Mama strich mir über die Wange. »Jetzt warten wir doch erst mal ab, Philip.«

Ich stieß ihre Hand weg und beschloss, nie mehr ein Wort mit ihr zu reden.

Wenn ich mich total über etwas aufrege, dann erzähle ich es zuallererst Sam, meinem Hund. Sam ist ein echter Jack Russell Terrier und der beste und klügste Hund der Welt, und obwohl er nur noch drei Beine hat, ist er schnell wie ein Blitz. Eigentlich wollten Mama und Trine erst eine Katze als Haustier, aber weil Mama gerne Tiere rettet, hat sie Sam zu uns geholt, nachdem Herr Ramirez, ihr Baby-Möbel-Lieferant, ihn beim Rückwärts-in-die-Garageneinfahrt-Fahren versehentlich vor seiner Garage rückwärts angefahren hat. Es ist gar nicht praktisch, wenn einem Hund ein Bein fehlt, aber Sam merkt man echt fast nichts an. Er kommt im Einkaufszentrum sogar schneller die Treppe hoch als ich und ist immer als Erster vor dem Dönerstand. Nur Treppen runterlaufen mag er nicht so gern, aber das ist überhaupt nicht schlimm. Ich trage ihn dann einfach runter.

Sam ist auch so ziemlich der Einzige, der mir aus meiner Familie fehlen würde, wenn er nicht mehr da wäre. Mama und Trine sind eh nie weg, deshalb kann ich sie gar nicht vermissen, selbst wenn ich wollte. Einen Vater habe ich nicht, also irgendwie zwar schon, aber eben doch nicht, weil ich ihn nie sehe. Bei mir ist das anders als bei Benji, der in den Sommerferien immer mit seiner großen Schwester nach Spanien zu ihrem Vater fliegt. Aber ich weiß, dass Papa auf einer Urlaubsinsel wohnt, weit weg, vor der Nordwestküste Afrikas, und dass Mama ihn da kennengelernt hat, als sie einen Sommer lang in einem Hotel an der Rezeption gearbeitet hat. Aber als ich auf die Welt kam, war sie nicht mehr in dem Hotel, sondern schon lange wieder zu Hause. Weil Mama nie etwas über Papa sagt, habe ich manchmal das Gefühl, dass es ihn gar nicht gibt. Deshalb habe ich beschlossen, dass Sam und ich irgendwie miteinander verwandt sind. Sam jagt nämlich genau wie ich am liebsten Bällen hinterher und ist – das ist das Allerwichtigste – ein Männchen.

Als ich heute von der Schule nach Hause kam, hatte ich nicht die geringste Lust, auch nur einen Fuß in Mamas Laden zu setzen. Mit dem Ellbogen stieß ich gegen die Ladentür. »Saaaaam!«

Mama war am Telefon und wedelte hektisch mit der Hand. Damit wollte sie mir verständlich machen, dass ich nicht so rumschreien soll. »Saaam!«, schrie ich erneut. Diesmal lauter. Vielleicht war er ja schon oben in unserer Wohnung. Mit einem Ruck zog ich die Tür zu, damit es schön knallte. Durch die Scheibe sah ich, wie Mama genervt den Kopf schüttelte. Mir egal! Sie sollte nur wissen, dass ich schlecht gelaunt war.

Vor unserer Haustür blieb ich stehen. Ein Mann in einem blauen Arbeitskittel beobachtete mich und trank dabei Bier aus einer Dose. Jetzt erst bemerkte ich, dass unsere Haustür weit offen stand.

2. Kapitel
Endlich ein Junge im Haus

»Selfies mache ich nur mit meinen Kumpels oder mit Papa.
Früher haben Papa und ich immer extra doof ins Handy
geguckt. Danach hat Papa die Bilder ausgedruckt und
mit einem Magneten an den Kühlschrank geheftet.
Ich fand das immer total witzig.«

Frederik

»Wir kriegen neue Mieter«, erklärte Mama beim Mittagessen und
erzählte, dass die alte Frau Meyer aus dem obersten Stockwerk
nun endlich einen Platz im Altersheim erhalten habe und wie froh
sie darüber sei, weil ihr die Wohnung zu groß geworden sei und sie
mit ihren schmerzenden Beinen auch fast nicht mehr die Treppe
hochkomme.

»Für mich keine gekochten Karotten! Die sind eklig.« Schnell
zog ich meinen Teller weg.

»Die Neuen sind eine Familie mit zwei Kindern«, sagte Mama
und ließ drei kleine Karottenscheiben auf meinen Teller gleiten.

»Ich will, dass ein Junge einzieht! Damit ich mit ihm Fußball
spielen kann«, rief ich begeistert und war plötzlich wieder bester
Laune.

Was darauf folgte, war klar. Mama hielt mir einen Vortrag

darüber, dass meine Bemerkung »voll daneben war«, weil man mit Mädchen genauso gut spielen könne wie mit Jungs. (Sie sollte mal an unsere Schule kommen, dann könnte ich ihr locker das Gegenteil beweisen.) Aber ich beschloss, besser nichts mehr zu sagen. Nach dem Essen stand ich auf und ging in mein Zimmer.

»Philip, wo gehst du hin?«, rief Mama.

»Wie viele Möglichkeiten gibt es in einer kleinen Vierzimmerwohnung?« Mo hat das mal zu seiner Mutter gesagt. Aber mir fallen leider nie so kluge Antworten ein (was ein großer Nachteil ist). Ich spürte, wie sich meine schlechte Laune wieder in mir breitmachte. Missmutig ließ ich mich auf mein Bett plumpsen und starrte auf das Poster von Vitor Santos, das über meinem Schreibtisch hängt.

Vitor schaute lachend auf mich hinunter. »Du hast es gut«, sagte ich, »dir gelingt immer alles!«

Plötzlich hörte ich ein feines Winseln. Sam! Leise öffnete ich die Tür und ließ in rein. Sam sprang sofort an mir hoch und gab mir einen feuchten Hundekuss. Ich kraulte seine Ohren und hob ihn auf mein Bett. »Willst du dir mit mir zusammen Vitors zehn spektakulärste Tore ansehen?« Sam schnüffelte begeistert an meinem Handy. Er liebt Youtube-Filmchen.

»Philip, vergiss nicht, deine Hausaufgaben zu machen, bevor du rausgehst ...«

Ich konnte hören, dass jetzt Trine vor meiner Zimmertür stand. Im Gegensatz zu Mama respektiert sie verschlossene Kinderzimmertüren.

»Philip?«

»Ja, ja, ich bin dran.« Ich stellte mein Handy auf stumm und schaute mir das finale Champions-League-Tor von Vitor Santos an. Sensationell! Ein verwandelter Elfmeter! Thierry wirft sich nach links, der Ball fliegt ins rechte Eck. Nach dem Treffer steht Vitor breitbeinig auf dem Rasen, die Hände in die Hüften gestemmt.

Ich hörte, wie sich Trines Schritte entfernten. »Die Luft ist rein«, sagte ich. Sam antwortete mit einem kurzen Fiepen.

Drei Tage später stand ein Umzugswagen vor der Tür. Zwei Männer machten die Seile von den Möbeln los und ein dritter gab ihnen Anweisungen. Von den neuen Mietern war nichts zu sehen. Doch als ich nach der Schule nach Hause kam, klebte ein neues Schild neben der Klingel.

Thomas Schulze Morgan, Kathryn Schulze Morgan und Frederik und Pho...ebe Schulze buchstabierte ich. Ich ließ meine Schultasche im Flur stehen und lief langsam die Treppe hoch. Vor der Wohnungstür von den Morgan-Schulzes lagen mehrere Paar Schuhe auf einem Haufen: Sneakers, spitze Stiefel mit Absätzen und braune Wildleder-Männerschuhe. Die Sneakers waren riesig. Neben dem Schuhberg lehnten ein Kickboard und ein Skateboard mit Totenkopf an der Wand.

Innerlich jubelte ich, hier wohnte definitiv ein Junge. Ich klingelte. Die Tür wurde ruckartig aufgerissen und ein mürrisch aussehendes Mädchen starrte mich unfreundlich an. »Was willst du?«

»Ähm ... nichts. Also, ich wohne im ersten Stockwerk.«

»Ach so ...«

»Ist dein Bruder da?«

»Nö, wieso?«

»Ich dachte, er kommt vielleicht raus.«

»Fibi, wer ist da?«, rief eine Frauenstimme.

»Niemand!«, schrie das Mädchen zurück. »Bloß der Kleine von unten, er fragt nach Frederik.«

Ich starrte auf ihre Füße, die in einem Paar riesiger Sneakers steckten.

»Ich bin Fibi«, sagte das Mädchen.

»Hallo«, murmelte ich und wollte gleich wieder gehen.

»Fibi ist englisch. Ich komme zur Hälfte aus Schottland«, fuhr das Mädchen fort.

Während sie redete, fixierte sie mich, als wäre ich ein wildes Tier, das man keinen Moment unbeobachtet lassen durfte. »Fibi, what's that ...« Eine Frau mit grauen kurzen Haaren und knallrotem Lippenstift stellte sich hinter das unfreundliche Mädchen und lächelte. »Ich bin Kathryn, Frederiks und Fibis Mutter. Aber Frederik ist nicht da, er ist mit seinem Vater in der Schreinerei.« Sie erzählte mir, dass Vater und Sohn zusammen ein Hochbett zimmern wollten. Komisch, wenn sie sprach, klang das, als ob sie englisch sprechen würde, obwohl sie deutsch redete. Kathryn fragte, ob ich nicht doch reinkommen wolle.

»Du kannst ja auch mit Fibi ...«

»Ma!« Phoebe verdrehte die Augen.

»Wann kommt Frederik zurück?«, fragte ich schnell.

»Das kann noch eine Weile dauern«, sagte die Frau. Sie riet mir, am Wochenende nochmals vorbeizukommen. Enttäuscht ging ich zurück in unsere Wohnung.

»Unsere neuen Nachbarn sind super nett«, sagte Mama beim

Abendessen. »Die Mutter kommt aus Edinburgh, hat aber hier studiert. Sie haben einen Jungen, der ein bisschen älter ist als du, und ein dreizehnjähriges Mädchen. Kathryn sagt, ihre Tochter sei schon mitten in der Pubertät.« Mama grinste. Mich hätte viel mehr interessiert, ob Frederik bei uns zur Schule gehen würde. Aber Mama wusste bloß, dass der Vater Schreiner war und diese Kathryn Psychologin und dass der Vater auf die Kinder aufgepasst hätte, als sie noch jünger waren. Lauter unwichtiges Zeugs.

Es dauerte ganze zwei Tage, bis ich Frederik endlich zum ersten Mal sah. Er stand vor der Haustür und hämmerte wie wild auf die Klingel ein.

»Hi, ich bin Philip«, sagte ich, und als Frederik nicht gleich antwortete, fügte ich an: »Ich wohne auch hier.«

Frederik drehte sich um. »Hi, was läuft?«

Er trug einen Kapuzenpullover einer ziemlich teuren Marke, die ich von Mos älterem Bruder kannte. Frederik war etwas kleiner als ich.

»Kannst du mal die Tür öffnen ...« Frederik hatte seinen Hausschlüssel vergessen. »Um zwei beginnt mein Fußballtraining.« Frederik sah prüfend auf sein Handy.

»Echt? Wo?«, fragte ich erfreut.

»*Kickers Schönfeld*. Ich geh da mal hin, um zu sehen, ob es mir gefällt.«

»Ich war da auch schon zum Training, und ich geh da auch wieder hin, also ziemlich sicher.«

»Ich spiel eigentlich bei den *Turbos*«, erklärte Frederik. »Kennst du die?«

Ich schüttelte den Kopf. »Nicht direkt, also ich glaube, mein Kumpel Mo kennt einen, der da mal gespielt hat.«

Frederik erklärte mir jetzt umständlich, dass Thomas, sein Vater, Kassenwart bei den *Turbos* sei, aber lieber Co-Trainer wäre.

»Und wo gehst du zur Schule?«

»Ich mach das Jahr noch an meiner alten Schule fertig, und später geh ich aufs Gymnasium.«

»Cool, ich auch!«

Während wir redeten, begann Sam im Laden wie wild zu bellen. Eilig öffnete ich die hintere Ladentür, damit er rauskonnte. Sam kam wie ein Pfeil herausgeschossen. Als er Frederik sah, blieb er stehen und schnupperte an seiner Hose. »Hey, der hat ja nur drei Beine.« Frederik grinste. »Ist ja voll krass, der hüpft wie ein Frosch. Hallo, Froschhund!«

Es nervte mich, dass Frederik so über Sam sprach, und gleichzeitig schämte ich mich auch ein bisschen für meinen Hund. »Er kann nichts dafür, er wurde von einem Lieferwagen angefahren«, erklärte ich.

»Dann hätte er halt aufpassen müssen, Hunde können ja weglaufen«, Frederik zuckte mit den Schultern.

»Stimmt«, sagte ich.

Sam setzte sich neben mich und winselte leise.

»Pass auf, dass dich mein liebes Schwesterchen nicht ausstopft«, sagte Frederik und tätschelte Sam den Kopf, was er überhaupt nicht mag.

»Hä, wieso?«

»Sie sammelt ausgestopfte Tiere.« Frederik grinste. »Verkauft ihr so was auch in eurem Laden?«

»Nein, mehr so Zeugs zum Anziehen halt, keine Ahnung, ich bin nicht so oft im Laden, also eigentlich nie.« Ich vermied die Worte ›Umstandsmode‹ und ›Babykleider‹. Vielleicht hatte Frederik das peinliche Ballonschild über Mamas Laden ja noch nicht bemerkt, obwohl es kaum zu übersehen war. »Mo, also mein Kumpel, von dem ich dir erzählt habe, spielt bei den *Kickers*«, sagte ich. »Er trainiert da ziemlich oft.«

»Ich weiß aber noch nicht, ob ich zu denen gehe«, sagte Frederik.

»Thomas sagt, ich könne auch bei den *Turbos* bleiben, wenn ich wolle, ich müsse mich nicht gleich entscheiden.« Frederik schaute auf sein Handy. »Also, ich geh dann mal hoch, Thomas ist sicher gleich da.«

»Soll ich später bei dir vorbeischauen?«

»Nö«, rief Frederik, »ich geh nachher noch Schlagzeug spielen.«

»Und morgen?«

Frederik überlegte ewig.

»Kann gut sein, dass ich dann da bin!«

Ich jubilierte innerlich, endlich hatte ich jemanden, mit dem ich Zeit verbringen konnte! Frederik war sicher auch froh, dass ein Junge im gleichen Haus wohnte, denn sonst hatte er ja nur seine seltsame Schwester.

»Da bist du ja, Philip!« Mama stand vor dem Hinterausgang.

»Ich treffe mich morgen Nachmittag mit Frederik«, sagte ich und hielt Sam am Piratentuch fest, das ich ihm um den Hals gebunden hatte. Sam braucht keine Leine, weil er meistens brav neben mir herläuft.

»Warte!« Mama runzelte die Stirn, was nie ein gutes Zeichen ist. »Das ist jetzt vielleicht ein bisschen ungünstig. Trine und ich haben einen dringenden Termin bei Herrn Habicht, unserem Vermieter. Ich wollte dich bitten, um eins den Laden aufzuschließen und kurz die Stellung zu halten, bis ich wieder da bin. Es dauert bestimmt nicht lange.«

3. Kapitel
Kind zu verschenken

»Wenn ich ein Selfie mache, gebe ich mir Mühe,
dass es die Phoebe-Handschrift trägt. Phoebe total halt.
Ich wähle dann nie so einen Hintergrund mit Hasenöhrchen
oder so, das machen nur Tussis. Einmal habe ich ein Selfie
mit meinem ausgestopften Marder gemacht.
Das sah echt cool aus.«

Phoebe

»Was? Wieso ich? Das geht nicht!« Ich schaute Mama entsetzt an. Normalerweise hatte sie doch immer jemanden, der den Laden hütete, wenn sie mal wegmusste.

»Weil Frau Meyer nicht mehr da wohnt und deshalb nicht aufpassen kann und weil Yasemin an ihrer Abschlussarbeit schreibt.« Mama seufzte. »Frau Schröder will unbedingt das Geschenk für ihr neugeborenes Enkelkind abholen. Wie gesagt, es dauert bestimmt nicht lange.«

»Aber ich treffe mich mit Frederik!«, sagte ich trotzig.

»Aber ihr könnt euch doch auch an einem anderen Nachmittag treffen oder Frederik kommt am Abend zu uns und wir machen einen Spieleabend.«

Ich schaute Mama wütend an. Niemals würde ich Frederik so

etwas Kindisches vorschlagen. Doch dann hatte ich plötzlich einen super genialen Einfall: »Gut, wenn ich auf den Laden aufpassen muss, darf ich dafür wieder zum Fußballtraining!«

Mama schwieg. Gut so! Eins zu null für mich!

»Philip, darüber haben wir doch schon so oft geredet, ich dachte, das sei klar. Wir haben abgemacht, dass wir erst schauen, dass du den Wechsel ...«

»Aber das dauert viel zu lange ...!«

»Nicht mal mehr ein Jahr ...«

»Gut, dann gehe ich jetzt in mein Zimmer und komme so lange nicht wieder raus, bis ich zum Training darf!«

»Philip, was ist denn nur los mit dir ...«

Missmutig stieg ich die Treppe hoch, um meinen Ball zu holen. Immer musste Mama so ein Drama machen, dabei brauchte sie doch nur die Anmeldung fürs Fußballtraining zu unterschreiben, mehr wollte ich gar nicht.

Hinter dem Haus gab es einen Hof mit Parkplätzen. Einer gehörte zum *Luftballon* und die anderen zu den Büros im Haus gegenüber. Ich legte mir den Ball bereit, nahm kurz Anlauf und pfefferte ihn genau zwischen die beiden vergitterten Fenster vom Laden. Beim nächsten Mal traf ich das Gitter.

»Oh, der ging aber voll daneben!«

Ich drehte mich um.

Hinter mir stand Phoebe und grinste mich freundlich an.

»Ach, du«, sagte ich und wartete, dass sie weiterging.

»Oben ist zugesperrt«, fuhr Phoebe fort, »und deine Mutter

sagt, ich könne bei euch warten, bis meine Ma kommt.« Sie schaute auf ihre Armbanduhr. »Das wird in so etwa dreiundvierzig Minuten sein. Kathryn ist sehr pünktlich.« Offenbar war das Schlüsselvergessen bei den Schulzes so eine Art Familienspezialität.

»Und dein Vater?«, fragte ich.

»Thomas ist mit meinem Bruder zum Training gefahren. Gehen wir?«

»Gleich jetzt?«

Phoebe zuckte mit den Achseln.

»Wir können auch hier unten bleiben, und ich schaue dir zu, wie du deine Schüsse vergeigst.« Phoebe grinste.

»Sehr witzig.« Ich hatte plötzlich keine Lust mehr zu kicken. Schnell lief ich die Treppe hoch, und Phoebe trottete hinterher. Ich wollte auf keinen Fall, dass sie in mein Zimmer kam, deshalb erklärte ich ihr, sie könne in der Küche warten.

Phoebe setzte sich und sagte kein Wort, und ich sagte auch nichts. Ich überlegte mir, ob ich einfach in mein Zimmer gehen sollte, aber dann war die Gefahr groß, dass sie nicht auf ihrem Stuhl sitzen blieb. Mädchen sind neugierig, das weiß jeder, und Phoebe war ein Mädchen, wenn auch ein eigenartiges. Weil mir nichts Besseres einfiel, starrte ich auf mein Handy. Phoebe legte ein langes braunes Paket auf den Tisch. Mir war vorhin gar nicht aufgefallen, dass sie es dabeihatte. »Willst du sehen?« Ohne meine Antwort abzuwarten, wickelte sie das Papier auf.

»Ein schwarzes Huhn«, sagte ich. »Tot.«

»Das ist ein Auerhahn«, erklärte Phoebe. Der Vogel stand jetzt mitten auf unserem Küchentisch auf einem kleinen grünen Holzpodest. »Ist er nicht schön?«

»Geht so.«

Phoebe erzählte mir, dass sie präparierte Tiere sammle und bereits einen Marder und zwei Mäuse habe und dass sie gerne noch mehr Tiere hätte.

»Wieso?«

»Ich will Tierpräparatorin werden. Weißt du, was das ist?«

»Ungefähr. Tiere ausstopfen.«

»Es heißt ›präparieren‹.«

Phoebe erzählte, sie habe im Naturhistorischen Museum einen Kurs belegt. »Am Ende durften wir eine Maus präparieren. Hast du das schon mal gemacht?«

Ich schüttelte den Kopf.

»Zuerst muss man ihr die Haut über die Ohren ziehen, damit man sie später ausweiden kann.« Phoebe schaute sich forschend um. »Du hast nicht zufällig einen kranken Hamster?«

»Spinnst du?«

»Wieso, ist doch nichts dabei. Wenn ein Hase von einem Auto überfahren wird, bleibt er am Straßenrand liegen, und keinen kümmert's. Wenn ich ihn präpariere, bekommt er ein neues Leben! Er wird zu einem Denkmal.«

Phoebe redete genauso viel wie ihre Mutter. Armer Frederik! Als Nächstes erzählte sie mir, dass sie jetzt auf eine neue Gesamtschule ginge, meine Schule, und dass es da ziemlich langweilig sei.

»Ich finde, die Schule ist okay.« Ich gähnte. »Kennst du Vitor Santos?« Keine Ahnung, warum ich sie das fragte, und ich bereute es auch gleich.

»Klar«, sagte Phoebe und gähnte. »Aber ich finde den andern, diesen großen Kicker mit der Frisur, um einiges ...«

»Santos ist der beste Fußballer der Welt!«, rief ich. Die hatte ja keine Ahnung.

»Hi, Sweeties ... the door was open.« Phoebes Mutter kam in unsere Küche und schaute sich neugierig um. »Oh my god, Fibi! Sag bloß nicht, dass du schon wieder so eine eklige *animal* gekauft hast!« Phoebes Mutter verzog den Mund und zeigte auf den Hahn auf unserem Küchentisch. »Er gehört dem Kleinen«, sagte Phoebe, ohne mit der Wimper zu zucken. »Ah, ja? Du magst ausgestopfte Tiere?« Phoebes Mutter sah mich ungläubig an. Phoebe kniff die Augen zusammen und fixierte mich wie die Schlange ihr Futter. »Ja, das tut er.«

»Also nur manchmal, sehr selten«, stotterte ich. Phoebe nickte zufrieden.

»Well, dann habt ihr euch ja gefunden.« Phoebes Mutter blinzelte mir fröhlich zu. Wie konnte sie mich bloß mit ihrer komischen Tochter gleichsetzen. Wütend sah ich Phoebe an, doch die stand auf und tat so, als ginge sie alles nichts an. »Tschüss, Philip, und danke, dass ich bei euch warten konnte«, sagte sie mit honigsüßer Stimme. Den ausgestopften Vogel ließ sie auf dem Küchentisch stehen.

Doch gerade als ich unten Sam holen wollte, klopfte es leise an unserer Tür. Es war Phoebe. »Vielen Dank, du warst meine Rettung«, flüsterte sie. »Wo ist der Hahn?«

Sie drückte sich an mir vorbei in die Küche. »Meine Mutter ist total allergisch auf Fell und Federn. Sie sagt, sie kriegt rote Flecken auf der Haut, und hat mir deshalb verboten, in der neuen Wohnung präparierte Tiere aufzustellen. Also, Kleiner, ich helfe dir dann auch mal, dann sind wir wieder quitt.«

»Nicht nötig«, sagte ich und drückte Phoebe den Hahn in die Hand. Unauffällig untersuchte ich meine Hände, aber es waren keine Flecken zu sehen.

Am nächsten Tag berichtete ich Mo haarklein von unseren neuen Nachbarn. Dass jetzt endlich ein Junge in unserem Haus wohnte, er Frederik hieß und eventuell bei den *Kickers* spielen würde. Ich erzählte ihm auch von Phoebe, die tote Tiere sammelte und meiner Meinung nach einen Vollknall hatte.

»Den Frederik kenn ich«, sagte Mo großspurig. »Der war bei uns im Probetraining. Spielt ganz okay, besser als du, aber nicht so gut wie ich ...« Mo grinste und gab mir einen freundschaftlichen Knuff.

Für Mo gab es niemanden auf der Welt, der besser war als er, was ziemlich nerven konnte. Dann sagte Mo, dass er sich morgen mit Benji und noch ein paar anderen von den *Kickers* treffen wollte.

»Zum Zocken bei Luca. Frederik kommt auch ...«

»Wann?«

»Gleich nach dem Mittagessen.«

»Ich bin auch dabei!«, rief ich.

»Yessss!« Mo klatschte mit mir ab. Doch dann fiel mir plötzlich wieder ein, dass morgen Mittwoch war und ich nach dem Mittagessen den Laden aufschließen musste. »Kann doch nicht«, sagte ich zerknirscht. »Ich muss meiner Mutter helfen.«

»Aber du kannst doch ...« Mo machte mir etwa tausend Vorschläge, was ich machen konnte, damit ich nicht auf den Laden aufpassen musste. Doch leider waren alle unbrauchbar.

»Spinnst du, ich kann doch kein Feuer legen!«

»Ist doch nur Spaß, Alter!«

Darauf bot er mir an, dass seine Schwester vorbeikommen könnte, was mich allerdings ihre Bahnkarte kosten würde. Sie wohnt nicht in unserer Stadt.

»Ich habe kein Geld.«

»Das ist normal«, seufzte Mo. Und dann hatte Mo doch noch eine Idee. »Frag doch deine Nachbarin.«

»Phoebe?«

»Ja, diese Komische, von der du erzählt hast!«

Die Idee war wirklich der Hammer. Phoebe konnte die neue Yasemin werden und auf Mamas Laden aufpassen. Schließlich schuldete sie mir einen Gefallen, das hatte sie selbst gesagt.

Nach der letzten Stunde wartete ich vor dem Nebengebäude, in dem die Siebtklässler zur Schule gingen, um Phoebe abzupassen. Mo war auch mitgekommen.

»He, Phoebe!«

Sie drehte sich um. Eilig lief ich auf sie zu. »Ähm, du hast doch gesagt, du willst, dass wir quitt sind wegen dem ausgestopften Vogel und so. Mir ist da etwas eingefallen, was du für mich machen könntest.«

»Und was soll das sein?«

Hastig erklärte ich ihr, um was es ging.

»Okay ... und da kommen so Mütter mit ihren kleinen Kindern zum Kleiderkauf?«

Ich nickte.

Phoebe runzelte die Stirn. »Das ist schön, wenn man Babys mag.«

»Ja, sogar sehr schön ...!«

Phoebe verzog ihren Mund, als hätte sie auf eine Zitrone gebissen. »Ich persönlich kann aber quengelnde Kleinkinder nicht ausstehen, mir reicht mein Bruderherz!«

»Aber manchmal sind sie auch nett ... also normal ...« Ich klang wohl nicht so überzeugend.

»Pech gehabt, Kleiner!«, sagte Phoebe. »Aber ich könnte auf deinen dreibeinigen Hund aufpassen.«

»Vergiss es! Auf Sam passe ich schon selbst auf«, sagte ich beleidigt.

»Du hast aber versprochen, dass du ihm hilfst!«, sagte Mo und stellte sich jetzt wie ein Bodyguard neben mir auf. »Worthalten ist Ehrensache, das gilt auch für Mädchen.«

Nach längerem Hin und Her willigte Phoebe schließlich ein. »Also gut, aber nur dieses eine Mal und höchstens für eine Stunde. Und ich setze mich nur an die Kasse ...«

»Ja, ja, mehr brauchst du nicht zu tun! Also morgen um eins. Und bitte sei pünktlich.«

Wir vereinbarten, dass ich ihr schnell alles zeigen würde und dass mich dann Mo um fünf nach eins abholen würde und wir dann zusammen zu Luca gehen würden. Perfekt.

Gleich nach dem Mittagessen ging ich in den Laden.

»Du bist ja überpünktlich«, sagte Mama erfreut. »Danke, Philip, auf dich ist Verlass.«

»Tschüss, du kannst jetzt gehen ...«, sagte ich. Auf keinen Fall wollte ich, dass sie Phoebe jetzt schon begegnete, womöglich hätte sie dann irgendwelche Einwände.

»He, warum bist du in diesem Babyladen?« Ich war gerade dabei, die Tür von innen aufzuschließen, als Frederik am Laden vorbeimarschierte.

»Der gehört meiner Mutter«, sagte ich schnell. »Normalerweise bin ich nie da.« Frederik spähte argwöhnisch hinein. »Also ich würde mich weigern, da reinzugehen.«

Ohne ein weiteres Wort zu sagen, schlurfte er davon. Immerhin war Phoebe pünktlich. Mo hingegen gar nicht. Er kam erst um zwanzig nach eins und war auch nicht allein. An seiner Hand wand sich seine jüngste Schwester Rezarta wie ein Regenwurm. Sie war erst eineinhalb und nervte für zwei, wie Mo bei jeder Gelegenheit erklärte.

»Kann ich die hierlassen?«

»Sonst noch was?!«, sagte Phoebe. »Ich bin doch kein Babysitterdienst. Außerdem habe ich zu tun.« Sie blätterte lustlos in ihrem Physikbuch.

Mo schüttelte seine Hand wie einen nassen Lappen, damit ihn Rezarta losließ, was allerdings das Gegenteil bewirkte. Sie zerrte an seinem T-Shirt und fing jetzt auch noch an zu brüllen.

Eine ältere Frau, die gleichzeitig mit Mo in den Laden gekommen war, kam augenblicklich herbeimarschiert. »Ja, was ist denn los, mein Schätzchen? Warum weinst du denn?« Sie strich Rezarta zärtlich über den Kopf. »So eine süße kleine Maus«, flötete sie. »Und diese schönen schwarzen Locken, am liebsten würde ich dich gleich mitnehmen. Aber da wäre wohl deine große Schwester nicht einverstanden, was?« Die Frau blinzelte Phoebe fröhlich zu, und Rezarta grunzte zufrieden und streckte der Frau ihren Schnuller entgegen.

Phoebe zuckte mit den Schultern. »Mir ist's egal, Sie können sie schon mitnehmen, wenn sie Ihnen so gut gefällt. Wir wollen sie eh loswerden.«

Die Frau schaute Phoebe verdutzt an, dann fragte sie nach dem Geschenk für ihr Enkelkind, das ich aber leider nicht finden konnte. »Ich heiße Schröder«, sagte die Frau zum wiederholten Mal. »Schau doch nochmals richtig nach.«

»Ich heiße Mohammed«, sagte Mo.

»Kaufen Sie doch einfach was anderes«, schlug Phoebe vor. Aber das wollte Frau Schröder nicht, stattdessen verließ sie genervt den Laden, und Rezarta begann wieder zu brüllen.

»Können wir jetzt gehen?«, drängte ich.

Mo schüttelte den Kopf. »Meine Mutter ist beim Zahnarzt. Ich muss hier auf sie warten.«

Zu allem Übel begann sich Rezarta auch noch von ihren Windeln zu befreien und rannte mit nacktem Po durch den Laden.

Dabei schmiss sie einen Korb mit Stramplern um. Mo und ich hasteten ihr hinterher. Mo, um sie einzufangen, und ich, um den Schaden, den sie anrichtete, in Ordnung zu bringen.

Phoebe saß völlig entspannt hinter der Kasse und schaute prüfend auf ihr Handy. »Drei, zwei, eins, null, so, die Stunde ist um«, erklärte sie und verließ ohne ein weiteres Wort den Laden.

Nach einer weiteren halben Stunde kam endlich Mos Mutter, um Rezarta abzuholen. Sie küsste Mo schmatzend auf die Wange und gab uns je einen Fünf-Euro-Schein dafür, dass wir so gut auf Rezarta aufgepasst hatten. Daraufhin ging Mo zu Luca, und ich musste wohl oder übel auf Mama warten. Als sie endlich eintraf, war es zu spät für mich, zu Luca zu gehen. Doch die richtige Katastrophe sollte erst noch kommen.

Denn Frau Schröder kam später zurück, um das Geschenk für ihr Enkelkind zu holen. Sie erzählte Mama haarklein, wir hätten ihr ein Kind mitgeben wollen und das sei doch sehr verantwortungslos. Gerade in der heutigen Zeit, wo man so viel Schlimmes höre …

»Das war doch nur Spaß«, erklärte ich Mama beim Abendessen. »Außerdem brüllt Rezarta ständig, die würde niemand wollen. Du kannst Mo fragen, wenn du mir nicht glaubst.«

Aber damit ließ sich Mama nicht beruhigen. »Was habt ihr euch nur dabei gedacht?«

Ich hätte sagen können, dass es Phoebes Idee war und ich gar nichts zu der Frau gesagt hatte. Aber das wäre Petzen, und das tut man nicht. Ich machte es aber dann trotzdem. Aber nicht mal das half. Mama redete von meiner Verantwortung und Trine, die ausgerechnet heute bei Mama schlafen musste, von ihrer nervigen Lieblingsnichte Emma, die jünger war als ich und schon richtig Verantwortung übernehmen konnte.

»Das nächste Mal kann die doofe Scheiß-Emma auf den Laden aufpassen«, schrie ich.

»So, fertig!«, sagte Mama.

Nach dem Essen erklärte sie mir, dass es für den Rest der Woche

für mich nur noch Hausaufgaben und keine Treffen mit Mo mehr gäbe. Und dann sperrte sie auch noch meinen Ball weg.

Als ich spätabends mit Sam das Treppenhaus hinunterschlich, um im Keller meinen Ersatzball zu holen, stolperte ich über ein Buch, das vor unserer Wohnungstür lag. Ich erkannte gleich, wer auf dem Umschlag war: Vitor! Aber wie kam denn das hierher? Mein Herz schlug schneller. Auf dem Umschlag klebte ein kleiner gelber Zettel: *Gruß, Phoebe.*

Ich schlug das Buch auf und blätterte aufgeregt. Auf dem ersten Bild war Vitor als Kind zu sehen, wie er nach einem Tor freudig seine Arme in die Luft hielt. Darunter stand: *Talent ist nur der Anfang, du musst lernen, dich wie ein Sieger zu verhalten.* Und ein paar

Seiten weiter: *Jeder Fehlpass und jede Niederlage bringen dich ein Stück nach vorne auf dem Weg zu deinem Ziel.*

Dieses Buch war der Hammer und voller nützlicher Ratschläge. An diesem Abend geschahen zwei denkwürdige Dinge: Erstens las ich zum ersten Mal in meinem Leben ein Buch am Stück, und zweitens beschloss ich, ein echter Fußballspieler zu werden.

Kapitel 4
Eine geniale Idee

*»Auf meinem Selfie halte ich das Buch von Vitor in die Luft.
Unsere Köpfe sind genau nebeneinander. Ich finde,
wir sehen uns ein bisschen ähnlich.«*

Philip

Als ich am Morgen beim Zähneputzen in den Spiegel sah, starrte
mir immer noch der gleiche alte Philip entgegen.

»Gut geschlafen?«, fragte Mama beim Frühstück. Ich knurrte
etwas und stürzte meinen Kakao hinunter.

Im Treppenhaus begegnete ich als Erstes Phoebe. »He, Phoebe,
danke für das Buch«, rief ich.

Sie blieb ruckartig stehen. »Das Buch war ein Volltreffer, hab
ich recht?« Sie grinste.

»Es ist super!«, sagte ich begeistert und erzählte ihr, was ich
gelesen hatte. Wie Vitor schon als kleiner Junge Tore geschossen
hatte, von seinen ersten Erfolgen als Nachwuchsspieler, den
Champions-League-Toren und den Erfolgen in England.

Phoebe nickte. »Na schön, aber du brauchst mir trotzdem nicht
jedes Detail zu erzählen, Kleiner. Wenn ich es so genau hätte wissen wollen, hätte ich das Buch selbst behalten. Und das habe ich
offensichtlich nicht, wie wir beide wissen. Ich habe es dir nämlich

vor die Tür gelegt.« (Das Nervige an Mädchen ist, dass sie sich bei jeder Gelegenheit gleich so besserwisserisch benehmen müssen.)

»Hast du es extra für mich gekauft?«, fragte ich.

Phoebe schüttelte den Kopf. »Übertreib mal nicht, ich habe es bloß ausgeliehen. Bei diesem Trödler um die Ecke.«

»Herrn Marek?«

»Genau. Und wenn du das Buch nicht mehr willst, legst du es einfach wieder zurück in die Verkaufskiste vor seinem Laden.« Phoebe verabschiedete sich und rannte an mir vorbei die Treppe hinunter. Dabei nahm sie immer zwei Stufen auf einmal. Sam bellte ihr laut hinterher.

»Ist schon gut, Sami ...« Mit meinem Hund unter dem einen Arm und meiner Schultasche über dem andern hastete ich die Treppe hinunter. Ich hatte nicht gewusst, dass man sich bei Herrn Marek auch Dinge ausleihen konnte, aber so viel stand fest: Ganz sicher würde ich dieses großartige Buch nicht wieder hergeben.

In der ersten Stunde hatten wir Mathe und sollten Textaufgaben lösen. Ich war so müde, dass ich nicht die leiseste Ahnung hatte, was ich eigentlich las. Ich gähnte und starrte auf die aufgeschlagene Seite in meinem Mathebuch. *Melanie will ihrer Mutter einen Blumenstrauß für 18 Euro und Pralinen für 12 Euro zum Geburtstag schenken. 9 Euro hat sie schon und von ihrem Onkel kriegt sie 6 Euro. Wie viele Wochen muss Melanie sparen, wenn sie 3 Euro Taschengeld pro Woche erhält?* Ich gähnte erneut.

Wen interessierte diese blöde Melanie mit ihren doofen Geschenken! Frau König saß vor ihrem Bildschirm und schien über etwas nachzudenken. Sicher wäre sie begeistert gewesen, wenn ich ihr erzählt hätte, dass ich gestern Nacht ein ganzes Buch gelesen hatte. Aber womöglich würde sie dann auf die Idee kommen, ich könnte noch ein zweites lesen. Und das hatte ich definitiv nicht vor.

Für Vitor war die Schule auch nie so wichtig gewesen, und aufs Gymnasium wollte er erst recht nicht. Er wusste schon mit zwölf, dass er Profi-Fußballer werden würde (eigentlich praktisch, dass ich das schon von klein auf wusste).

Hinter mir raschelte es.

Benji steckte sich eine Handvoll weißer Marshmallows in den Mund und kaute mit prallen Wangen. Sogar er durfte im Verein spielen! Und das, obwohl jeder genau weiß, dass Benji überhaupt kein Talent besitzt und sich immer da aufhält, wo der Ball gerade nicht ist. Mo sagt, Benji sei mehr so der Typ, der dem Gegner Respekt einflöße, weil er jetzt schon so groß und kräftig ist wie ein Dreizehnjähriger.

Auf den Fotos im Buch sieht Vitor als Kind eher dünn und schmächtig aus, so ein bisschen wie ich. Dafür war er immer schon schnell. Seine Mitspieler nannten ihn »die Biene«, weil er mit unermüdlichem Einsatz auf dem Feld herumsauste. Wenn ich endlich wieder bei den *Kickers* spielen durfte, würde ich mich »die Hummel« nennen oder besser »die Wespe«, das klingt gefährlicher.

Vitors Vater hat immer an das Talent seines Sohnes geglaubt, und als Vitor von zu Hause wegging, hat er ihm extra neue, sehr teure Trainingsschuhe gekauft. Und das, obwohl die Familie sehr arm war und Vitors Vater viel Schnaps trank, weil er keine Arbeit hatte.

Mama ist überhaupt nicht arm, und sie hat auch genug Arbeit, nd trinken tut sie höchstens ab und zu ein Glas Wein mit Trine. Trotzdem schenkt sie mir nicht mal neue Schienbeinschoner und schon gar nicht die ultracoolen Schuhe, die ich mir sehnlichst wünsche. Immer bekomme ich nur so unnützes Zeug geschenkt wie ein Mikroskop, das man erst mühsam selbst zusammenbauen muss, oder ein 1000-teiliges Puzzle mit einem öden Weltraumbild. Niemand will solche Geschenke!

Am Ende des Buches sagt Vitor, dass er alles für seine Kinder tun würde, genauso wie seine Eltern alles für ihn getan hätten. Das ist eine meiner Lieblingsstellen.

»Philip, bist du schon fertig, oder warum guckst du aus dem Fenster?« Frau König sah mich lächelnd an.

»So gut wie«, nuschelte ich. Dabei hatte ich noch nicht mal angefangen. Sie nickte zufrieden. Gut angetäuscht, dachte ich.

Frau König stand auf. »Ella, du kannst die Hefte einsammeln.«

Mist, damit hatte ich nicht gerechnet. Schnell kritzelte ich irgendwelche Zahlen aufs Blatt.

Doch dann war es ausgerechnet Frau König, die mich auf eine geniale Idee brachte. Am Freitag fragte sie zum hundertsten Mal nach, ob außer Elif, Ella und Maximilian sonst noch jemand einen Anmeldezettel für den Schulgarten brauche.

»Keine Zeit!«, rief Mo. »Donnerstagnachmittag ist Training.«

»Und wie sieht es bei dir aus, Philip?« Frau König wedelte mit der Anmeldung.

»Also, ich geh am Donnerstag auch zum Training«, sagte ich.

Mo drehte sich um.

»Wo trainierst du?«

»*Kickers*«, sagte ich so selbstbewusst wie möglich und ver-schränkte dazu die Arme vor der Brust, so wie Vitor das immer tat.

»Ohne Scheiß?«

»Sag ich doch.«

»Mega! Und deine Mutter?«

»Die steht voll hinter mir und mein Vater auch, er … er hat es mir geschrieben.«

Benji starrte mich mit offenem Mund an.

»Ich kann dir ein paar Tricks zeigen«, sagte Mo großzügig. »Aber nicht meine besten.«

Beim Hinausgehen schnappte ich mir eine Anmeldung. »Für einen Freund«, nuschelte ich, bevor Frau König etwas entgegnen konnte.

»Das finde ich toll, dass du dich doch noch entschieden hast, Phi-lip!«, sagte Mama.

»Emma hat im Schulgarten gelernt, wie man Tomaten zieht, und du isst doch auch so gerne Tomaten.« Trine lächelte ihr schwärme-risches Trine-Lächeln, das sie immer aufsetzt, wenn sie von Emma erzählt.

»Und in einem Jahr oder so kannst du dann immer noch in einen Fußballverein, wenn es in der Schule gut läuft«, sagte Mama. »Sie sah mich von der Seite an. Im Gegensatz zu Trine schien sie meiner plötzlichen Verwandlung zum Vorzeige-Philip nicht ganz zu trauen.

»Danke für eure tolle Unterstützung, Mama«, sagte ich mit fester Stimme. »Wenn ich eine Legende werde, dann nur dank euch.« (So was Ähnliches hatte Vitor Santos bei der Auszeichnung zum Weltfußballer gesagt.) Das saß.

»Was sind denn das für neue Töne von meinem Sohn?!« Mama lächelte kopfschüttelnd und unterschrieb die Anmeldung für den Schulgarten.

Ich jubelte innerlich. »Den Rest füll ich selbst aus. Das wird sicher super im Train… also … im Gartentraining.«

Das war sehr clever getrickst, so zieht man an seinen Gegnern (Mama und Trine) erfolgreich vorbei zum Tor! Ich war jetzt genau der Philip, den sich meine Mama als Sohn wünschte. Nie hätte ich gedacht, dass das so einfach gehen würde. Bloß als sie mir die 20 Euro für die Anmeldegebühr gab, bekam ich ein richtig schlechtes Gewissen. Aber auch dafür fand ich eine Lösung in Vitors Buch. Und die hieß: Wohltätigkeit! Vitor spendet sehr viel Geld für wohltätige Zwecke. Er sagt, das gehöre zu seinem Leben als Vorbild und verantwortungsvoller Fußballstar. Da ich ja auch Fußballstar werden würde, konnte ich ja jetzt schon ein bisschen Geld verteilen. Also beschloss ich, die 20 Euro bei der nächsten Gelegenheit dem Obdachlosen mit dem violetten Kopf zu spenden, der immer vor dem Supermarkt saß und Schnaps aus kleinen grünen Fläschchen trank. Vielleicht war er ja wie Vitors Vater und hatte zu Hause auch einen Sohn, der Fußball spielte und dringend eine Ausrüstung brauchte. Ich legte die zwei Geldscheine ganz hinten in das Buch.

Drei Tage vor dem Training war ich bestens vorbereitet. Ich hatte Vitors Geschichte weitere zwei Male gelesen und kannte alle wichtigen Stellen auswendig.

Ich war bereit für die *Kickers!* Jetzt brauchte ich nur noch Mamas Unterschrift auf das Anmeldeformular zu kopieren. Ganz oben stand: *Anmeldung und Einverständniserklärung zur Teilnahme am Fußballtraining in der Saison ...* »Ja.« Ich machte ein Kreuz. Dann las ich weiter. Alles uninteressant. Bei der Notfallnummer gab ich meine Handy-Nummer an. Weil Mama so eine schwungvolle

Schrift hat, brauchte ich ein paar Anläufe, bis die Unterschrift so echt aussah, dass ich mich traute, sie unter das Formular zu setzen. Mist, aber etwas hatte ich beinahe überlesen. Hier stand etwas von 40 Euro Anmeldegebühr. Das war ganz schön viel Geld. In meinem Sparumschlag befanden sich noch genau 5 Euro (von Mos Mutter) und 66 Cent. Die 20 Euro von Mama zählte ich nicht dazu, weil sie ja für den armen Mann vor dem Supermarkt bestimmt waren. Mama konnte ich auch nicht fragen, weil sie sonst sofort Verdacht geschöpft hätte.

Sam sprang von meinem Bett und schnüffelte an meinem Kugelschreiber, was auch nicht wirklich weiterhalf. »Hast du eine Idee?« Sam stellte den Kopf schräg und schaute mich an. »Auch nicht, stimmt's?«

Auf dem Poster über meinem Schreibtisch lachte Vitor sein Siegerlachen: »*Wer in den letzten Minuten aufgibt, ist es nicht wert, auf dem Platz zu stehen!*«, hatte er seiner Mannschaft gesagt, als sie schon nicht mehr an den Sieg gegen Frankreich glaubte. Richtig! Ich hatte alle Chancen verwertet, und mir fehlten nur noch 34 Euro und 34 Cent bis zum Sieg.

Plötzlich fiel mir Mos älterer Bruder ein. Hatte Mo nicht erzählt, dass er kürzlich für wahnsinnig viel Geld eine Wasserpfeife im Internet verkauft hatte? Ich schaute mich in meinem Zimmer um. Eine Wasserpfeife besaß ich nicht, leider auch sonst nichts Wertvolles. Höchstens das Mikroskop, aber das stand bei Mama im Schlafzimmer. Plötzlich fiel mir der große Topf mit dem runden Kaktus ins Auge (ein Geschenk von Mama zu meinem achten Geburtstag). Trine hatte gesagt, der Kaktus sei erstaunlich teuer gewesen. Ich platzierte den Topf auf meinem Kopfkissen und

machte mit dem Handy Fotos. Niemand würde den Kaktus vermissen. Und Mama schon gar nicht, weil sie sich beim Gießen schon mindestens dreimal an den spitzen Stacheln gestochen hatte. »Nicht, Sam!« Sam wollte sich jetzt genau da hinsetzen, wo der Kaktus stand. (Sam wird schnell eifersüchtig.) »Okay, dann darfst du auch mit aufs Foto«, beruhigte ich ihn. Nachdem ich mit dem Fotografieren fertig war, wählte ich Mos Nummer.

»He, Bro, was läuft?« Ich erklärte Mo, was ich vorhatte und dass sein Bruder mir unbedingt beim Kaktusverkauf helfen müsste. Mo hörte mir zu, dann sagte er etwas zu seinem Bruder, das ich nicht verstand, aber ich hörte, wie jemand im Hintergrund laut lachte.

»Ich habe die Bilder auf dem Handy, ich kann sie ihm schicken«, drängte ich.

»Granit sagt, Kakteen sind wie Waffen«, sagte Mo und quietschte dazu wie eine Gummiente. »Du sollst es im Darknet versuchen.«

Hä? Der hatte sie doch nicht alle! »Okay, ich muss jetzt aufhören«, sagte ich enttäuscht. »Dann suche ich eben selbst.« Doch weil ich damit nicht weiterkam, beschloss ich, den Kaktusverkauf vorerst zu vergessen und stattdessen mit Sam zum Supermarkt zu spazieren. Vielleicht war der obdachlose Mann ja weggezogen, dann könnte ich wenigstens die 20 Euro mit gutem Gewissen behalten.

Ich hatte Glück: Als ich beim Supermarkt ankam, war die Sitzbank leer. Dafür stand da ein junger bärtiger Mann mit einem Strohhut, der wie wild in ein Saxofon blies. Es klang nicht so richtig nach Musik, eher wie Sam, wenn er ankündigt, dass er dringend rausmuss. Der Bärtige bog sich wie ein dünner Baumstamm im Wind und wippte dazu mit dem Fuß. Einige Leute blieben stehen und hörten ihm zu. Ich wollte gerade weitergehen, als ich eine junge Frau mit einem Hut herumgehen sah. Eine komische Idee. Wer würde für so

scheußliche Musik zahlen wollen! Die Frau blieb vor mir und Sam stehen. »Där ist so süß«, flötete sie und tätschelte Sam, »'at Ihnen die Musik gefallen?«

»Nö, überhaupt nicht«, sagte ich, und weil das nicht besonders nett klang, fügte ich schnell hinzu: »Ich habe eine Klarinette zu Hause. Wenn ich darauf spiele, klingt es sicher genauso grässlich wie bei ihm.« Ich grinste entschuldigend und zeigte auf den Bärtigen.

»Klarinätte ist eine sähr schöne Instrument«, fuhr die junge Frau unbeirrt fort. »Abär du musst übän. 'ast du eine gute Lährerin?«

Ich schüttelte den Kopf.

»Isch könnte dir Unterricht gäben ...«

»Nein, danke!« Wie kam sie denn auf die Idee, dass ich Unterricht wollte?

»Isch bin eine sähr geduldige Lährerin«, sagte die Frau und lächelte. »Nicht teuer.«

»Wirklich nicht nötig! Wir verkaufen die Klarinette sowieso. Meine Mutter bringt sie zum Trödler. Gleich morgen.« Das war nicht mal gelogen. Weil ich nie übte, hatte Mama kürzlich gesagt, sie könne die Klarinette genauso gut zu Herrn Marek bringen.

Die junge Frau stutzte. »Oh, wie viel?«

»Äh, was wie viel?«

»Die Preis für der Klarinätte.«

Ich brauchte eine ganze Weile, um das auszurechnen: »14 Euro und 34 Cent!«

Die Frau sah sich um und winkte dem Bärtigen.

»Soll ich die Klarinette holen?«, fragte ich schnell. Das war meine Chance. Ohne ihre Antwort abzuwarten, rannte ich los. Sam rannte erst neben mir, dann überholte er mich. Seine Ohren wippten auf und ab.

Leise öffnete ich die Wohnungstür. Um die Uhrzeit würde niemand da sein. Aber sicher ist sicher. Die Klarinette lag wie immer in ihrem verstaubten Koffer unter meinem Bett. Sam begann zu bellen, als ich sie hervorzog. Vielleicht dachte er, ich hätte einen Knochen im Koffer versteckt. »Das ist nix für dich«, flüsterte ich.

Als ich vor dem Supermarkt ankam, war ich völlig außer Atem. Der Bärtige war gerade dabei, seine Sachen zusammenzupacken. Die junge Frau winkte, als sie mich sah. Eilig lief ich auf sie zu.

»Da!« Ich streckte dem Bärtigen den Koffer entgegen. Mein Herz klopfte.

»Die will deine Mutter verkaufen?« Er öffnete den Koffer sorgfältig und begutachtete das Instrument von allen Seiten. Dann sagte er etwas zu der jungen Frau, das ich nicht verstand, aber es klang wie Französisch. Sie nickte und schaute unsicher zu mir. Hoffentlich hatte sie es sich nicht anders überlegt.

»Die Klarinette ist viel mehr als 14 Euro wert«, sagte der Mann schließlich.

»Okay, ich brauche aber bloß 14 Euro und 34 Cent!«, sagte ich.

»Aber wenn du zu einem Instrumentenhändler gehst ...«

»Das mache ich nicht!«, unterbrach ich ihn.

Ich weiß, was ich will, und das wusste ich schon immer!

Der Bärtige sah mich verblüfft an und nickte. Offenbar hatte Vitors kluger Satz ihm Eindruck gemacht.

»Okay, nimm das. Mehr habe ich leider nicht.« Er drückte mir drei Zehn-Euro-Scheine in die Hand.

»*Au revoir* ...« Die junge Frau küsste mich zum Abschied auf beide Wangen, was ich ein bisschen übertrieben fand.

»Habe ich gut gemacht, was, Sam? Jetzt habe ich sogar noch Geld übrig. Damit kaufen wir uns jetzt ein Eis. Das können wir uns teilen.« Sam liebt Eis, obwohl Mama findet, dass das für ihn überhaupt nicht gesund ist.

Hinter dem Supermarkt gab es einen türkischen Frisörladen. Ich blieb stehen. Im Schaufenster hing ein Bild von einem Mann, der ein wenig aussah wie Vitor Santos. Moment, das war Vitor Santos mit einer neuen Frisur. Für einen kurzen Moment zögerte ich. Dann öffnete ich die Ladentür.

»Heilige Nerven, Philip! Wie siehst denn du aus? Deine schönen Locken! Was ist bloß in dich gefahren?« Mama sah mich entsetzt an. »Sag doch was, Trine!«

»Wenn es ihm gefällt.« Trine zuckte mit den Achseln.

»Aber diese gelben Strähnen oben, das ist doch unnatürlich, damit machst du dein Haar kaputt.«

»Vitor Santos hat die gleiche Frisur.«

»Stimmt, du siehst ein bisschen aus wie ein Fußballer«, stellte Trine fest.

Ich nickte zufrieden. Ein Volltreffer.

»*Und damit ihr es wisst, das ist erst der Anfang*«, sagte ich stolz, »*den richtigen Philip werdet ihr erst kennenlernen.*«

»Den was?« Mama sah mich entgeistert an. Sie hatte keine Ahnung, dass Vitor diesen wichtigen Satz gesagt hatte, nachdem er zum ersten Mal Weltfußballer geworden war.

Glücklich ging ich in mein Zimmer und stellte den Kaktus zurück auf den Fenstersims.

»Interessant, ihr habt euch also umentschieden, hätte ich nicht gedacht.«

Am Donnerstagnachmittag erschien ich zusammen mit Mo zum Training. Herr Branko musterte mich von Kopf bis Fuß. Außer Mo und Benji war keiner da, den ich kannte. Auch Frederik nicht. Neben dem Spielfeld stand ein Schild: *Eltern auf dem Rasen verboten!*

»Das ist wegen meinem Vater«, raunte mir Mo zu und sah dabei sehr zufrieden aus.

»Aber du weißt schon, wenn du bei uns mithalten willst, musst du dich anstrengen«, sagte Herr Branko.

»*Ich weiß, dass der Preis hoch ist. Aber ich will mich darauf konzentrieren, der beste Fußballer zu werden*«, erklärte ich Herrn Branko. »*Etwas anderes kommt für mich nicht infrage.*«

»Habt ihr das gehört, Jungs? Das nenne ich eine vorbildliche Einstellung, mein Junge.«

Herr Branko griff in die blaue Tasche mit den Trikots. Und gleich darauf pfiff er das erste ernst zu nehmende Trainingsspiel meines Lebens an.

Kapitel 5
Hallo, Papa!

»Selfies? Niemals! Bei mir bleibt das Handy in der
Jackentasche. Als Trainer bin ich ein Vorbild. Ich ermögliche
den Kindern den Einstieg in ein erfolgreiches Sportleben.
Das zeichnet mich als guten Trainer aus.«

Branimir Branko

»Am Anfang müssen wir immer so langweiliges Zeug machen,«
beklagte sich Mo.

»Das gehört dazu!«, erwiderte ich und schaute zu Herrn Branko.
Ich war bereit, alles dafür zu tun, dass er mein Talent erkannte.

Als Erstes sollten wir den Ball mit den Händen hochwerfen,
um ihn anschließend mit dem Oberschenkel aufzufangen. Links,
rechts, links, rechts. Und dazu immer im Kreis herumgehen. Das
war nicht schwierig und wirklich ein bisschen langweilig. Benji reklamierte, er spiele nicht mit den Händen.

»Nicht quatschen, Benji!«, rief Herr Branko.

Danach mussten wir eine liegende Stange umdribbeln.

»Ball immer eng am Fuß! «, schrie Herr Branko.

Ich startete gleich nach Benji, damit der Trainer sah, dass ich es
besser machte. Aber er schaute nicht zu mir.

Nach dem Aufwärmen sollten wir unser Ballgefühl verbessern.

Meines war schon ziemlich gut, fand ich. Aber Herr Branko er-klärte mir, es sei wichtig, meinen eigenen Rhythmus zu finden, so wie Mo. »Achtet auf eure Körperspannung!«

Benjis Spannung ließ schon nach kurzer Zeit nach, er setzte sich ins Gras und nestelte an seinen Schienbeinschonern herum.

Endlich durften wir spielen. Sechs gegen sechs. Herr Branko setzte mich im zentralen Mittelfeld ein. Er hatte wohl gleich erkannt, dass ich ein Spielmacher war. Mo war im Sturm. Benji in der Ver-teidigung des gegnerischen Tors. »Abgeben!«, schrie Herr Branko.

Doch Mo dachte nicht daran. Er schaute weder nach rechts noch nach links, sondern sprintete geradewegs auf das Tor zu. Er stand bereits im Strafraum, kein Abseits, als sich Benji mit vol-lem Körpereinsatz auf ihn warf. Mo fiel zu Boden. »Das ist Rot!«, kreischte er und wälzte sich auf dem Rasen. Herr Branko kam auf ihn zugelaufen, wahrscheinlich um die Situation noch besser be-urteilen zu können. Immer noch jammernd stand Mo wieder auf und versetzte Benji einen Schlag in den Bauch, den Benji augen-blicklich mit einem Tritt gegen das Schienbein quittierte.

»Fertig! Hört sofort auf, euch wie Vollpfosten zu benehmen!« Herr Branko schnaubte durch die Nase wie ein Stier. »Seit einem Jahr versuche ich dir beizubringen, den Ball abzugeben, Mo. Mit deiner Einstellung wirst du es nie an die Spitze schaffen ...« Herr Branko zögerte. »Das kannst du ruhig auch deinem Vater sagen!«

»Aber ich habe doch gar nichts gemacht, Benji hat angefangen«, sagte Mo mit weinerlicher Stimme. Ein paar Jungs begannen miteinander zu tuscheln. Offenbar hatte Herr Branko Mo ganz schön auf dem Kieker. Für den Rest des Trainings jammerte Mo über seine Verletzung, und Benji behauptete, er habe Bauchschmerzen, und wollte auch nicht mehr spielen. Dafür mussten wir anderen noch einmal ums Spielfeld rennen.

In der Umkleidekabine waren Mo und Benji aber wieder bester Laune. »Das war ein Foul von internationaler Härte«, prahlte Benji, während Mo sich seinen Eistee schnappte.

»Mein Vater sagt, Branko kann gar nichts«, erklärte Mo wichtig und wischte sich mit der Handfläche den Mund ab. »Ich sollte längst in der U13 spielen.«

Benji sah zu, wie ich mein Haar trocken rubbelte. »He, mit deiner Frisur siehst du aus wie Vitor Santos in Klein.«

»Ja, du siehst ihm echt ähnlich«, sagte ein Junge in einem Mbappé-T-Shirt. »Kommst du jetzt immer?«

Ich nickte. »Natürlich! *Fußball ist das Wichtigste für mich. Ohne den Fußball ist mein Leben nichts*«, sagte ich.

»Ach so«, sagte der Junge. »Ich spiele auch noch Tennis und Trompete.«

»In zwei Wochen spielen wir gegen die *Turbos*«, erklärte Mo. »Die hauen wir glatt vom Platz.«

»Klar«, sagte Benji und klatschte sich mit Mo ab.

»Und wie war's im Schulgarten? Was habt ihr Schönes gepflanzt?« Mama sah mich erwartungsvoll an.

Das einzige Gemüse, das mir spontan in den Sinn kam, waren Tomaten. »Tomaten. Die wachsen sehr gut«, sagte ich. »Macht richtig Spaß, denen zuzusehen!«

»Tomaten im Mai?« Mama sah mich skeptisch an.

Ich wurde knallrot. »Ähm, bloß so kleine. Halt Mini-Tomaten.«

»Das muss die globale Erwärmung sein.« Trine seufzte. »Alles gerät aus dem Ruder.« Die beiden redeten noch eine Weile über die Klimaerwärmung und ihre Folgen, die offenbar bereits in den Schulgärten spürbar waren.

»Ich kann das einfach nicht glauben. Du musst mir unbedingt so eine Tomate mitbringen«, sagte Mama. »Oder am besten, ich komme mal vorbei und schaue sie mir an.«

»Eltern sind im Garten verboten!«, rief ich schnell. »Es gibt sogar ein Schild!«

»Ach ja?«

Trine nickte.

»Emma hat mir auch schon Ähnliches erzählt.«

Das war das erste Mal, dass ich froh war über Emma. Ich musste unbedingt verhindern, dass Mama mich im Schulgarten besuchen wollte.

»Ich geh noch mal mit Sam raus«, sagte ich.

»Und dann ab unter die Dusche«, sagte Mama.

Als ich die Wohnungstür öffnete, hätte ich beinahe Kathryn, Frederiks Mutter, über den Haufen gerannt.

»Hi, Sweetie, ich hoffe, ich store euch nicht.«

»Komm doch rein«, rief Mama.

Was sie wohl wollte? Ich folgte ihr in die Küche. Kathryn setzte sich und sagte uns, dass Frederik und Phoebe morgen alleine zu

Hause sein würden. »Und da dachte ich, die zwei könnten zusammen mit Philip eine Pizza backen?«

Sie meinte, das wäre doch wirklich *nice*.

»Philip hat so viele Pech, weil Frederik nie da ist, wenn er vorbeischaut.«

»Danke! Ich komme gerne!«, rief ich. Endlich würde ich mich ausführlich mit Frederik unterhalten können. Denn es stimmte, was seine Mutter sagte. Obwohl wir im selben Haus wohnten, hatte ich ihn bis dahin kaum gesehen. Kathryn redete noch eine Weile mit Mama über den Laden und so langweiliges berufliches Zeugs. Ich nahm Sam hoch und trug ihn die Treppe hinunter.

Am nächsten Abend stand ich Punkt sechs vor Frederiks Tür. Sam hatte ich bei uns gelassen, weil ich nicht wollte, dass sich Phoebe oder Frederik über ihn lustig machten. Ich glaube, Sam war ein bisschen traurig, dass ich ohne ihn ging. Zwei Mal musste ich klingeln, bevor mir Phoebe endlich die Tür öffnete. »Wo ist Dreibein?«, fragte sie als Erstes.

»Sam ist unten«, sagte ich und schaute sie böse an.

»Mein Bruderherz ist noch bei seinen Freunden«, erklärte sie.

»Okay, dann warte ich unten, bis er da ist«, sagte ich. Auf keinen Fall wollte ich schon wieder mit Phoebe allein sein.

»Jetzt stell dich nicht so an, ich beiß dich schon nicht!« Phoebe zog mich am Arm in die Wohnung. »Du kannst mir gleich helfen!«

Zum Glück kam Frederik kurz darauf.

»Ich hab Hunger!«, rief er. Phoebe gab uns Anweisungen, was wir tun sollten. »Hände waschen, Frederik! Passt auf, dass ihr das

Mehl nicht verschüttet. Die Tomaten in kleine Stücke schneiden, Philip.«

Frederik verdrehte die Augen. Nur den Käse wollte sie unbedingt alleine schneiden und stopfte sich eine Scheibe nach der anderen in den Mund.

»He, du darfst nicht alles wegessen!«, rief Frederik. »Ich mag keine Pizza ohne Käse!«

»Halt die Schnauze!«, sagte Phoebe und stopfte sich eine weitere Käsescheibe in den Mund.

Ich schnappte mir unbemerkt ein paar kleine Tomaten und steckte sie in meine Hosentasche. Für Mama als Beweis.

»Sollen wir runtergehen und Fußball spielen?«, fragte ich Frederik, nachdem wir die Pizza in den Ofen geschoben hatten.

»Keine Lust«, antwortete Frederik. Er setzte sich seine Kopfhörer auf und redete kein Wort mehr. Ich hätte ihm gerne gesagt, dass ich seine Schwester auch doof fand, aber ich traute mich nicht, solange sie in der Küche war.

Beim Pizzaessen war Frederik wieder besser gelaunt. Er erzählte mir von einem Hip-Hop-Konzert, das er mit seinem Vater besuchen würde.

»Ich war noch nie auf einem Hip-Hop-Konzert«, sagte ich. »Thomas war früher bei der Security, deshalb haben wir Connections«, erklärte Frederik.

Phoebe blätterte in einem englischen Comic und tat so, als wären wir nicht da. Was ich super fand, weil ich mich so ungestört mit Frederik unterhalten konnte. Kurz nach neun kam Mama und sagte, ich könne uns unten ein Eis holen. Ich nutzte die Gelegenheit, um die Tomaten, die immer noch in meiner Hosentasche steckten, in meinem Sportsack verschwinden zu lassen. Sam winselte, als er mich sah, und ein bisschen hatte ich auch ein schlechtes Gewissen, wo er doch so gerne Eis isst.

»Wo ist eigentlich dein Vater?«, fragte Frederik, während wir unser Eis aßen.

»Er wohnt auf Madeira«, sagte ich.

»Da kommt doch dieser Santos her«, sagte Frederik. »In meiner alten Schulbibliothek gab es ein Buch ...«

»Das habe ich!«, rief ich. »Phoebe hat es mir ...« Unsicher schaute ich zu seiner Schwester.

»Ich finde, du siehst ihm irgendwie total ähnlich.« Frederik kicherte.

»Das liegt daran, dass Santos sein Vater ist!«, sagte Phoebe mit ernster Stimme und schleckte sich Vanilleeis vom Daumen.

»So ein Quatsch!« Frederik tippte sich an die Stirn.

»Es stimmt«, sagte Phoebe mit Nachdruck.

»Und warum seid ihr dann nicht stinkreich und habt zehn Lamborghinis vor dem Haus stehen?«

Ich schaute verunsichert zu Phoebe.

Warum sollte Vitor Santos mein Vater sein? Entweder war Phoebe jetzt völlig durchgedreht, oder sie wusste etwas, wovon ich keine Ahnung hatte.

»Also, ich weiß nicht ...«

»Das verstehen wir ja alle, Kleiner.« Phoebe setzte ihren geduldigen Mädchenblick auf und holte tief Luft.

»Santos hat Kinder auf der ganzen Welt! Der Typ weiß wahrscheinlich gar nichts von Philip. Seine Mutter hat ihn im Hotel kennengelernt, da wo sie arbeitet, und schwuppdiwupp ... Na, den

Rest könnt ihr euch vorstellen, oder muss ich jetzt auch noch Aufklärungsunterricht mit euch machen?«

Ich schüttelte entsetzt den Kopf.

Phoebe sah zu mir. »Früher oder später hättest du es eh erfahren, und jetzt ist halt später.«

Frederik grinste immer noch. »Du lü-ügst! Wenn er der Sohn von Vitor Santos ist, dann bin ich der Sohn von Dr. Dre. Kathryn war nämlich auch mal in L. A.«

»Ja, genauso siehst du aus«, sagte Phoebe und verdrehte die Augen. »Straight Outta Compton ... guck doch mal in den Spiegel, du Minifurz!«

Frederik grinste hämisch. »Und Juri, dieser Typ, in den du verknallt bist, hat der auch Kinder auf der ganzen Welt?« Phoebes Gesicht verfinsterte sich.

»Idiot!«

»Bitch!«

»Nimm das zurück!«

Phoebe drehte Frederik den Arm auf den Rücken, worauf dieser wie wild um sich kickte, sich befreite und in sein Zimmer rannte.

Kaum war er weg, lächelte Phoebe zufrieden. »Mein Bruder ist so ein Weichei. Willst du noch Limo?«

»Vitor Santos ist nicht mein Vater«, sagte ich. »Das hätte mir meine Mutter gesagt.«

Phoebe füllte ihr Glas bis zum Rand mit Limo auf. »Glaube ich nicht! Überleg mal. Sie war bereits eine ältere Frau, also viel älter als dieser Santos, als sie sich kennenlernten. Und dann wurde sie von ihm nach einem One-Night-Stand sitzen gelassen. Das ist doch peinlich. Findest du nicht?«

»Einem was?«

»Einem Ausrutscher halt! Sie haben sich kennengelernt, miteinander Sex gehabt ...«

»Hör auf!«

»Nimm's nicht tragisch, Kleiner. So was gibt's.« Phoebes Augen flackerten eigenartig.

Ich hatte keine Ahnung, was ich sagen sollte. Keiner von Vitors Sätzen schien mir in diesem Moment passend. Einerseits hätte ich Phoebe gerne gefragt, wie sie so überzeugt sein konnte, dass Vitor Santos mein Vater war, und gleichzeitig war ich mir nicht sicher, ob sie mich nicht total verarsche.

»Ich geh jetzt mal«, sagte ich stattdessen.

»Warte!« Phoebe ging in ihr Zimmer und kam mit etwas zurück, das in Zeitungspapier eingewickelt war. »Kannst du den ein paar Tage für mich aufbewahren?«

»Was ist das?«

»Ein ausgestopfter Fuchs. Willst du ihn sehen?«

Ich schüttelte den Kopf.

»Du magst wohl lieber Tomaten, was?« Phoebe grinste. »Kein Problem, du kannst alle mitnehmen. Also, in ein paar Tagen hole ich ihn ab. Er heißt übrigens Herr Müller.«

Widerwillig nahm ich das Paket entgegen. Vor Frederiks Zimmer blieb ich kurz stehen und lauschte. Irgendein Rapper sang: »Du bist Gangsta.« Ziemlich cool, dass Frederiks Vater mit ihm auf solche Konzerte ging. Mama würde das nie machen.

Als ich hinunterkam, sahen Mama und Trine fern. Ich überlegte mir, ob ich sie fragen sollte, ob sie sich zufällig daran erinnern konnte, dass sie einen One-Night-Irgendwas mit Vitor gehabt hatte. Schwierig, sich vorzustellen. Mama war klein und rundlich und sah in ihren gestreiften T-Shirts so anders aus als dieses Fotomodell, mit dem sich Vitor Santos in der Öffentlichkeit zeigte.

»Hattet ihr es nett, mein Schatz?« Mama schaute zu mir und lächelte. Trine hatte den Arm um sie gelegt. Es war definitiv nicht der Moment, mit Mama über Vitor Santos zu reden.

Als ich mir an diesem Abend die Zähne putzte, betrachtete ich ausführlich mein Spiegelbild. Phoebe war ziemlich seltsam. Aber eigentlich hatte sie ja nur das gesehen, was offensichtlich war: Nämlich, dass ich aussah wie Vitor Santos' Sohn. Das war eindeutig. Außerdem hatte dieser Junge mit dem Mbappé-Shirt nach dem Training genau das Gleiche gesagt, und er war im Unterschied zu Phoebe ganz normal.

Ich ging zurück in mein Zimmer. Mit der Hand berührte ich das Poster, das über meinem Pult hing: »Hallo, Papa«, sagte ich leise. Es fühlte sich gut und richtig an.

Kapitel 6
Schnelle Beine

»Wann immer es geht, nehme ich mir die Zeit,
um mit meinen Fans ein Selfie zu machen. Ich will für sie
da sein. Das gehört für mich einfach dazu.«

Vitor Santos

Es dauerte nur noch wenige Tage bis zum Spiel gegen die Turbos. Bis dahin wollte ich so oft wie möglich trainieren. Von Herrn Branko hatte ich nicht den Eindruck, dass er dieses wichtige Spiel ernst genug nahm. Er verlangte weder von uns, dass wir zusätzliche Trainingseinheiten absolvierten, noch erklärte er uns seine Strategie, obwohl ich ihm beides vorgeschlagen hatte.

Man muss hart arbeiten. Und danach bei jedem Spiel der Welt beweisen, dass sich der Aufwand gelohnt hat, sagt Vitor.

Als ich das gegenüber Herrn Branko erwähnte, grinste er nur. »Na, mental scheint bei dir alles in Ordnung zu sein, Kleiner. Hoffen wir nur, dass die Beinchen da mithalten können.«

»Ich werde für den Erfolg kämpfen«, sagte ich wild entschlossen.

In Vitors Buch steht auch, dass keiner so viel trainiert wie er, und das wollte ich auch. Vitor sagt, man müsse sich Ziele setzen. Am besten begann ich gleich damit. Nur so konnte ich sein wie er – der Beste!

In meinem Mathe-Übungsheft füllte ich drei ganze Seiten mit Zielen. Jedes einzelne unterstrich ich fett.

Morgens:

Freiwillig als Erster aufstehen und Gewichte heben. (Mangels echten Gewichten konnte ich ja Trines Saftflaschen nehmen. Die kleinen ließen sich mit einer Schnur an meine Fußknöchel binden für ein Dribbel-Training).

In der Schule:

Auf dem Pausenhof in jeder Pause Freistöße üben.

Ernährung:

Zum Mittagessen doppelt so viel essen wie sonst, damit ich kräftiger wurde und niemand mehr »Kleiner« zu mir sagte (auch nicht Phoebe). Wobei man natürlich das Richtige essen muss. Was das ist, wusste ich von Vitors Ernährungsberater. In Vitors klugem Buch gibt es sogar ein Bild von ihm mit einer roten Kochmütze, und neben dem Foto steht: *Ein Spiel lässt sich nicht allein mit gesunder Ernährung gewinnen, aber sie hilft dabei.*

Zum Glück fotografiert Vitor sein Essen, so war es ganz einfach zu sehen, was ich essen musste. Ich stellte mir einen Speiseplan zusammen:

Frühstück:

Joghurt aus Griechenland

Saft aus Birnen

Noch mehr Saft, diesmal aus grünen Früchten. Kiwis? (Das Getränk auf dem Foto war jedenfalls grün.) Überhaupt scheint Vitor Saft sehr lecker zu finden. Schade nur, dass er nie Kirschbananensaft trinkt, den mag ich nämlich am liebsten.

Mittagessen:

Nudeln mit Fleisch. Viel Fleisch.

Fisch – hoffentlich gelten Fischstäbchen auch. Anderen Fisch mag ich nicht.

Vor dem Spiel:

Vier Bananen und drei Scheiben Brot. Ich musste Mama unbedingt daran erinnern, dass sie mehr Bananen kaufte.

Sogar viel mehr Bananen.

Abendessen:

Darüber konnte ich nichts herausfinden. Aber Pommes (Kohlenhydrate) mit Ketchup (püriertes Gemüse) waren sicher nicht falsch.

Abends:

Vor dem Schlafengehen Liegestütze machen. Mindestens zwanzig! Das war das Schwierigste. Ich hasse Liegestütze. Und dann: rennen, rennen, rennen!

Muskel-Erholung:

Dazwischen braucht es immer wieder Entspannungsphasen, sagt Vitor. Wenn Frau König nicht so viel reden würde, hätte ich das Ausruhen locker in der Schule erledigen können. Aber leider ging das nicht. Deshalb war vorerst heimliches Zocken unter der Bettdecke gestrichen.

Abwechslung:

Vitor sagt auch, es sei sehr wichtig, dass man sein Training abwechslungsreich gestaltet. Damit meinte er bestimmt, dass man nicht immer um den gleichen Häuserblock rennen sollte.

»Wohin gehst du?«, fragte Mama, als ich mich nach der Schule zum Joggen aufmachte.

»Ich geh mit Sam spazieren«, sagte ich schnell.

»Aber er war heute schon dreimal draußen«, sagte Mama, »zweimal mit mir und einmal mit dir.«

»Laufen ist ein gutes Kardiotraining für ihn ...«

»Was sagst du? Sam läuft doch genug ...«

»Ich geh ja auch nur kurz.«

Tatsächlich schien Sam überhaupt keine Lust mehr zu haben, mit mir rauszukommen. Als ich nach ihm rief, hob er bloß kurz seinen Kopf und wedelte mit dem Schwanz, aber nur um gleich darauf den Kopf wieder auf die Vorderpfote zu legen.

Ich klappte sein Schlappohr hinauf. »Soll ich dich tragen?« Doch Sam spielte toter Hund. Erst als ich ging, hob er kurz den Kopf und wedelte erneut mit dem Schwanz.

Die nächste größere Grünfläche war der Park des Naturhistorischen Museums. Ich hatte die Zeit bereits gestoppt. Bis dahin dauerte es genau acht Minuten, wenn man normal ging. Aber gemütliches Schlendern kam für mich nicht infrage. Als ich beim Museumspark ankam, hatte ich die Strecke in nur vier Minuten geschafft. Ich hatte mich selbst übertroffen und meine bisherige Bestzeit geschafft. Völlig erschöpft warf ich mich ins Gras.

»He, Kleiner, pennst du neuerdings im Park?«

»Was machst denn du da?«

Phoebe hatte sich breitbeinig vor mir aufgestellt und schaute auf mich hinunter. »Dich stalken, was sonst! Du bist ziemlich fix.«

Schnell rappelte ich mich wieder hoch. »Okay, ich muss weitermachen! Tschüss!«

Doch Phoebe stellte sich mir in den Weg. »Warte! Wie geht es Herrn Müller?«

»Wem?«

»Meinem Fuchs. Du hast ihn doch hoffentlich noch.«

»Klar, wieso? Er liegt unter meinem Bett. Ich habe ihn gar nicht angerührt.«

»Danke«, sagte sie. »Und übrigens, falls es dich interessiert: Joggen ist nicht gut für die Gelenke! Das haben englische Forscher herausgefunden. Fahrradfahren ist besser.« Phoebe hielt mir einen Vortrag über die neusten Erkenntnisse der Sportmedizin. »Am effektivsten ist es, wenn du im Wasser Fahrrad fährst.«

»Und wie soll das gehen?«

»Ganz einfach, im Swimmingpool.« Phoebe erzählte mir ausführlich, dass Vitor Santos in seinem Schwimmbad ein Trainingsfahrrad aufgestellt habe.

»Echt?«

»In der Zeitung gab es ein Bild. Hast du das nicht gesehen? Ich dachte, du interessierst dich für Santos?«

»Ja, aber ich lese keine Zeitung.«

»Klar, und wahrscheinlich hat es dir deine Mutter mit Absicht auch nicht gezeigt«, sagte Phoebe.

»Wieso?«

Phoebe verdrehte die Augen. »Mann!«

»Ach so, du meinst, weil er angeblich mein Vater ist?«

Phoebe nickte zufrieden. »Was sonst! Freut sie sich, dass du Fußball spielst?«

»Nein, überhaupt nicht.« Ich überlegte mir, ob ich Phoebe erzählen sollte, dass Mama mich nicht im Verein spielen ließ. Aber

Phoebe ließ mich gar nicht zu Wort kommen: »Siehst du! Das ist der Beweis! Nach ihrer Negativerfahrung findet sie alle Fußballer doof. Was sie aber nicht zugibt. Eltern sind gut darin, für sie unangenehme Wahrheiten vor ihren Kindern zu verbergen. Lieber wollen sie, dass immer alles schön und gut ist und die Kinder in harmonischen Verhältnissen aufwachsen. Begriffen?« Sie sah mich erwartungsvoll an.

»Kann sein.«

»Es ist so! Du kannst Kathryn fragen, sie ist Psychologin.« Phoebe schien über etwas nachzudenken. »Hast du gewusst, dass Thomas nicht mein richtiger Vater ist?«

Ich schüttelte den Kopf. »Nö, woher sollte ich das wissen?«

»Thomas ist Frederiks Vater. Ich war so eine Art Unfall.«

Phoebes Stimme klang kratzig. Plötzlich tat sie mir leid. Ein Unfall zu sein war bestimmt nicht toll.

»Aber du hast immerhin einen Bruder«, sagte ich. Doch das schien sie überhaupt nicht zu trösten.

»Frederik ist ein kleiner verwöhnter Arsch.«

»Aber er ist auch sehr nett!«, widersprach ich ihr.

»Klar«, sagte Phoebe. »So nett wie eine Angina in den Sommerferien. Er hat übrigens gesagt, dass du ...«

»Was?«

»Vergiss es! Wobei ich es dir ja trotzdem sagen kann. Er meinte, du seist ein ziemlich mittelmäßiger Fußballer.« Phoebes Augen blitzten.

»Aber er hat mich doch noch nie spielen gesehen ...«

»Ich sage doch, er ist doof! Ich muss jetzt gehen, also trainier schön weiter und vergiss nicht: Immer auf die Gelenke achten!«

Phoebe verabschiedete sich, und ich rannte noch fünfmal um den Park. Bei jedem Mal wurde ich schneller. Was Frederik sagte, stimmte kein bisschen! Ich war nicht mittelmäßig. Selbst Herr Branko hatte mich kürzlich im Training gelobt.

Der Hass der anderen macht mich unbesiegbar, hatte Vitor gesagt. Und wenn er wirklich mein Vater war, dann würde er eines Tages sehr stolz auf mich sein.

Dafür würde ich sorgen.

Wieder zu Hause, stellte ich meinen Handywecker auf drei Uhr in der Früh und steckte das Handy unter meine Matratze, damit Mama nichts hörte. Doch leider wurde der Klingelton dadurch so leise, dass auch ich erst kurz vor acht aufwachte, als Sam zu winseln begann, weil er rauswollte.

»He, Bro, du siehst aus wie albanischer Käse«, begrüßte mich Mo vor dem Schulhaus.

Ich gähnte. »Kann sein, dass ich gestern zu lange trainiert habe«, sagte ich wichtig. Mo schaute mich erstaunt an. Ich erzählte ihm von meinem ausgeklügelten Trainingsplan. Teilweise. Denn alle Tipps wollte ich nicht verraten. *Der Weg an die Spitze ist ein einsamer,* sagt Vitor, *auch in einem Mannschaftssport.*

»Granit macht auch Krafttraining«, erklärte mir Mo. »Aber ich bin viel schneller als er.«

»Ich finde, wir müssen unbedingt noch an unserer Mannschafts-Kondition arbeiten«, fuhr ich fort. Und als Mo nicht reagierte, fügte ich an: »Das machen alle Spitzensportler, bestimmt auch die *Turbos*.«

»Die können gar nichts«, knurrte Mo.

Doch schließlich willigte Mo ein, am Nachmittag auch in den Park zu kommen, um sich mein Training zumindest mal anzusehen. Zusammen mit Benji, der alles andere als begeistert war.

»Wir haben doch am Donnerstag eh Training«, jammerte er.

»Mann, kapierst du denn nicht! Wenn wir heute für morgen trainieren, dann sind wir am Samstag unschlagbar.

»Schon klar«, sagte Benji und setzte sein Ich-hab-gar-nichts-begriffen-aber-das-gebe-ich-nicht-zu-Gesicht auf.

Zusammen mit einem Partner zu trainieren ist wie ein Wettbewerb und bringt dich auf ein neues Level.

»Sag ich ja.« Mo versetzte Benji einen kräftigen Schlag auf den Rücken.

Plötzlich begann Benji zu strahlen. »Wenn wir trainieren, muss ich den Posaunen-Unterricht schwänzen«, erklärte er und sah sehr zufrieden aus.

»Wir treffen uns um 16 Uhr auf der großen Wiese«, schlug ich vor.

Als ich mit Sam ankam, waren Mo und Benji bereits da. Beide saßen im Gras und guckten sich auf Benjis Handy eine Serie an.

»Erst müsst ihr was essen«, erklärte ich. Ich hatte für jeden von uns zwei Bananen und ein Stück Brot mitgebracht.

»Ich habe aber keinen Hunger!«, reklamierte Benji. »Außerdem hasse ich Bananen.«

»Ich hatte Spaghetti«, sagte Mo, was man gut am roten Fleck auf seinem T-Shirt sehen konnte.

»Ihr müsst trotzdem Bananen essen. Wegen der Kohlenhydrate.«

Benji steckte sich widerwillig eine halbe Banane in den Mund.

Dann erklärte ich den Trainingsablauf: »Zuerst zehn Minuten locker einlaufen, dann zehnmal zwei Sekunden Vollgas sprinten, fünf Minuten locker laufen ...«

»Was kommt zuerst?« Benji würgte immer noch an seiner Banane.

»Lockeres Laufen, Alter.« Mo sprintete los.

Ich lief ihm hinterher. »Nicht so schnell! Das kommt erst nachher. Ich leite das Training!«

Mo stoppte.

»So, ich bin auf dem höchsten Level. Was machen wir jetzt?«

»Wassertraining.« Ich zeigte auf den großen Teich bei den Sitzbänken. »Wir machen gelenkschonende Kniebeugen im Wasser.«

»Ist das nicht zu kalt?«, fragte Benji.

»Nach fünfzig Kniebeugen spürst du nichts mehr«, versicherte ich ihm. »Vitor macht das jeden Tag in seinem Swimmingpool.«

»Ich teste!« Mo zog sich die Turnschuhe aus und sprintete zum Teich. Er stand schon bis zu den Knien im Wasser.

»Die Steine sind total glitschig«, kreischte er und versuchte mit rudernden Armen das Gleichgewicht zu halten.

»Du musst in die Knie!«, schrie ich. »Warte, ich komme auch!«
Sam rannte mir bellend voraus.

Und dann tauchte Mo unter. »Aua!«, jammerte er und humpelte klitschnass und fluchend aus dem Teich.

»So eine Scheiße, ich glaube, ich habe mir den Fuß gebrochen!«

»Quatsch, das geht vorbei«, sagte ich. »Mach ein paar Lockerungsübungen.« Doch die machten alles nur schlimmer. Mo humpelte wie ein Schwerverletzter zurück zu seinen Schuhen.

»Jetzt läufst du wie Philips dreibeiniger Hund.« Benji kicherte.

Ich schaute ihn böse an, worauf Benji erklärte, er müsse doch noch in die Posaunen-Stunde. Mo sah aus, als würde er gleich losheulen.

Aber das war noch nicht alles.

Am nächsten Morgen kam Mo mit einem Krückstock in die Schule gehumpelt.

»Verknackst«, sagte er und schaute ziemlich finster drein. Dazu kam, dass am Nachmittag auch noch das reguläre Training ausfiel, weil Herr Branko eine Magen-Darm-Grippe hatte. Mo sagte, dass es eine Katastrophe sei für die *Kickers*, wenn er am Samstag nicht spielen würde. Ich tat so, als sähe ich das auch so. Aber gleichzeitig war ich auch ein bisschen froh, wenn er nicht kam. Ich würde allen zeigen können, was in mir steckte.

Am Abend schwor ich unter Vitos Poster: »*Ich werde alles dafür tun, meiner Mannschaft zu helfen,* genau wie du, Papa.«

Kapitel 7
Kickers gegen Turbos

»Ich habe ein neues Selfie gemacht. Die Aufnahme war richtig
kompliziert, aber sieht super aus. Ich habe die Arme vor der
Brust überkreuzt, so wie Vitor bei seinem Torjubel.«

Philip

Am Samstagmorgen war ich bereits um sechs hellwach. Mama und
Trine schliefen noch. Mama hatte mir Brot und Früchte zum Früh-
stück bereitgestellt. Neben der Obstschale lag ein Zettel: *Guten
Morgen, Gärtner Philip, viel Spaß im Schulgarten! Kuss M.*

Ich versuchte mein schlechtes Gewissen mit einer Scheibe tro-
ckenem Brot hinunterzuwürgen. Mama schöpfte keinen Verdacht.
Nie hätte ich gedacht, dass das alles so einfach sein würde. Eigentlich komisch, Mama bemerkte immer jede Kleinigkeit, aber bei einer
richtig fetten Lüge kamen ihr offenbar keine Zweifel.

Ich aß noch zusätzlich zwei Schokojoghurt und eine Banane
und trank dazu eine Tasse kalte Milch, das sollte reichen. Schnell
räumte ich das schmutzige Geschirr in die Geschirrspülmaschine.
Dabei glitt mir die Müslischale aus der Hand und landete auf dem
Küchenboden.

»Philip?«, rief Mama aus dem Schlafzimmer. Ihre Stimme klang
verschlafen.

»Alles gut!«, rief ich. »Ich muss gehen, sonst komme ich zu spät in den Schulgarten!« Auf keinen Fall wollte ich ihr begegnen. Mit einem lauten Knall fiel unsere Wohnungstür ins Schloss.

Wenn du Erfolg willst, ist alles Geben nicht genug, sagt Vitor, und ich war bereit, heute mehr als alles zu geben. Es war meine Chance, allen zu zeigen, dass ich ein begnadeter Fußballer war, genau wie Vitor. Und wenn ich erst berühmt war, würde Mama auch verstehen, dass ich sie anlügen musste.

Während ich die Treppe runterlief, kam mir plötzlich in den Sinn, dass ich mich gar nicht von Sam verabschiedet hatte. Schnell lief ich wieder hoch und schlich mich in mein Zimmer. »High five, Kumpel.« Sam streckte mir die Vorderpfote entgegen und schleckte meine Hand. »Du kriegst deine Belohnung später«, flüsterte ich.

Danach rannte ich zum zweiten Mal die Treppe hinunter. Es konnte losgehen.

»Ich erwarte ein faires Spiel und keine Kraftausdrücke auf und neben dem Platz. Habt ihr verstanden?« Herr Branko blickte prüfend in die Runde.

»Wieso, er verwendet doch selbst immer welche«, raunte mir Benji zu.

»Klappe zu und Ohren auf. Das gilt auch für dich, Ben!«

» …tschi«, sagte Benji und grinste.

Herr Branko sah ihn grimmig an. Dann gab er uns die letzten Anweisungen. »Immer schön passen, Fußball ist ein Mannschaftssport, vorausschauend spielen, Hirn einschalten und laufen, laufen, laufen.«

78

Alle nickten. Wir bildeten einen Kreis.

Herr Branko schrie: »Wer sind wir?«

»*Kickers Schönfeld*!«

»Was sind wir?«

»Ein Team!«

»Was wollen wir?«

»Gewinnen!«

»Herr Branko, ich möchte noch etwas sagen.«

Herr Branko hob die rechte Augenbraue und schaute mich erwartungsvoll an.

»Ich ... also wir ... sind zu 200 Prozent motiviert!«, rief ich begeistert.

»Gut so, mein Junge.«

Mo saß auf der Bank neben seinem älteren Bruder Granit, der ihn extra hergefahren hatte, damit er das Spiel sehen konnte. Ich winkte den beiden lässig zu. Frederik hatte ich bisher noch nicht entdeckt. Vielleicht spielte er doch nicht mehr bei den *Turbos*. Worüber ich ziemlich froh war. Nicht auszudenken, wenn jemand aus der Familie Schulze mich sähe.

Herr Branko nahm seinen Block hervor. »So, unser Mannschaftskapitän heute ist ...« Ich hielt die Luft an. »... Luiz.«

Luiz war einen Kopf größer als ich und ziemlich eingebildet. Mo tippte sich wie wild an die Stirn. Hätte er gespielt, wäre bestimmt nicht Luiz Kapitän.

Gleich darauf folgte der Anpfiff. In der ersten Halbzeit musste ich mächtig ran. Wir hatten zwei Torchancen, die von den *Turbos* gleich mit einem Konter quittiert wurden. Zum Glück ohne Erfolg. Aber die *Turbos* waren eindeutig besser ins Spiel gekommen als wir.

Besonders gefährlich war ein großer dünner Junge, der sich so flink und wendig bewegte, dass er jedes Duell gewann und Ziad, unseren Außenstürmer, diverse Male austrickste.

Kurz vor der Pause wurde Benji gefoult. Einer der *Turbos* drang von links in den Strafraum und versetzte Benji mit dem Ellenbogen einen Stoß in den Magen. Benji ging zu Boden und wälzte sich mit schmerzverzerrtem Gesicht im Gras.

»Foul!«, reklamierten die *Kickers*.

»Das ist Rot«, krähte Mo auf der Bank und fuchtelte wie wild mit seiner Krücke herum.

Doch zu unserem Entsetzen blieb der erhoffte Elfmeter-Pfiff aus, und es gab nur einen Freistoß. Ziad passte, ich lief wie eine Rakete nach vorne und pfefferte den Ball mit voller Wucht auf das Tor der *Turbos* zu. Ein Treffer! Kein Abseits.

»Weltklasse!«, kreischte Mo. Alle stürzten sich auf mich.

Ich taumelte und war so begeistert, dass ich Vitors Torjubel vergaß. Damit lagen wir eins zu null in Führung. Bis zur Pause blieb es dabei.

Nachdem der Schiedsrichter abgepfiffen hatte, schaute ich zu Herrn Branko, der mit verschränkten Armen breitbeinig am Spielfeld stand und zufrieden grinste.

»Gut gemacht, Leo!« Herr Branko klopfte mir anerkennend auf die Schulter.

»Danke.«

»Er heißt Philip«, sagte Benji.

Herr Branko nickte. Dann verteilte er Getränke und gab uns Anweisungen für die zweite Halbzeit. Er war viel besser gelaunt als sonst, was sicher meinem guten Spiel zu verdanken war. Bevor es wieder losging, sagte er uns, was wir gut gemacht hatten und was wir noch besser machen konnten.

»Wir sind hier, um zu gewinnen!«, schrie ich.

Alle johlten.

Als ich zurück auf das Spielfeld lief, hörte ich, wie jemand nach mir rief. »Philip!« Ich schaute kurz zu den Holzbänken, konnte aber nicht erkennen, wer da gerufen hatte. Mo unterhielt sich mit Granit.

Die zweite Spielhälfte verlief anfangs richtig mies für die *Turbos*. Sie waren schon von Anfang an völlig aus dem Konzept geraten und verloren einen Zweikampf nach dem anderen. Dann verletzte sich auch noch ihr bester Spieler, der große Dünne. Enttäuscht humpelte er vom Platz. Doch anstelle von ihm kam ein kleiner rothaariger Junge ins Spiel, der zwar superschnell war, aber zweimal den Ball verschoss. Doch dann wurde es noch mal richtig gefährlich für uns. Benji ließ sich den Ball vom kleinen Rothaarigen abjagen, und der wiederum rannte geradewegs auf das Tor zu.

»Abseits!«, schrie Mo, doch es war überhaupt kein Abseits. Der Rothaarige schoss, und der Ball landete im Netz.

Jubel! Aber diesmal bei den *Turbos*. Jetzt kamen die *Turbos* wieder in Fahrt. Die Zeit lief. Der Rothaarige schoss erneut, aber der Ball trudelte knapp am Tor vorbei.

»Das darf doch nicht wahr sein, den musst du doch reinmachen!«, schrie ein Mann im Publikum. Die Stimme kam mir bekannt vor, aber ich hatte keine Zeit zu schauen. Kurz vor Schluss wurde es nochmals so richtig brenzlig. Luiz hatte nicht aufgepasst, und ein *Turbo* sprintete an ihm vorbei in Richtung Tor. In letzter Sekunde konnte ich das Schlimmste verhindern und den Ball gerade noch wegkicken. Applaus vom Publikum.

Am Ende blieb das Spiel unentschieden.

»So was könnte auch mal ins Auge gehen«, sagte Herr Branko, als er uns verabschiedete. »Aber zum Glück konnten wir uns heute auf Philip verlassen. Du warst klasse, Junge.«

Ich nickte stolz. *»Ich bin immer für mein Team da.«*

Obwohl wir nicht gewonnen hatten, war ich der Held des Spiels. Sogar der Rothaarige klatschte mit mir ab, und Mo meinte, wenn er wieder fit sei, würden wir jedes Spiel gewinnen. »Wir sind die Größten!«

Ich nickte überglücklich. Sogar Mos Bruder nickte mir anerkennend zu.

»Tschüss, man sieht sich!«, sagte ich.

Ich wollte gerade auf mein Rad steigen, als ein Mann mit schnellem Schritt auf mich zumarschierte. Hinter ihm schlurfte

ein Junge, der die Kapuze seines Pullovers tief über den Kopf ge-
zogen hatte. Ich erkannte ihn trotzdem: Frederik und sein Vater
Thomas. »Was ... was macht ihr denn hier?«, stammelte ich.

Kapitel 8
Eine Komplizin

»Früher habe ich viele Selfies gemacht. Zusammen mit Frederik. Aber jetzt will er das nicht mehr. Ist ihm wohl zu peinlich. Aber wir haben trotzdem das, was man eine gute Vater-Sohn-Beziehung nennt.«

Thomas, Frederiks Vater

»Gut gespielt, Junge!« Thomas grinste anerkennend.

»Aber ihr hattet auch Glück, du weißt ja schon, dass Frederik bei den *Turbos* spielt! Wenn der erst auf dem Platz ist ... Mannomann, dann ist ganz schön was los ...«

Frederik sagte kein Wort, sondern stand stumm daneben und strich mit dem Daumen über sein Handy. Er hatte wie immer seine Kopfhörer auf. Thomas meinte, dass Frederik etwas angeschlagen sei und deshalb heute nicht mitspielen konnte. Komisch, er sah kerngesund aus.

»Aber für uns ist es wichtig, dass wir trotzdem da sind. Fußball ist bei uns so eine Vater-Sohn-Geschichte.«

Je länger Thomas redete, desto unbehaglicher fühlte ich mich. Was war, wenn er Mama vom Spiel erzählte?

Dann wäre ich verloren. Ausgerechnet jetzt, wo alles so gut gelaufen war. Nervös trat ich von einem Fuß auf den anderen.

Thomas schlug vor, wir drei Jungs könnten doch mal an einem Wochenende zusammen etwas unternehmen. Einen Männerausflug zu ihm in die Schreinerei.

Frederik hob kurz den Kopf. »Kein Bock«, worauf Thomas verlegen grinste.

»Willst du mit uns fahren?«

Ich schüttelte den Kopf und zeigte auf mein Fahrrad.

»Aber du kannst es doch bei uns hinten reinladen.«

»Danke, ist schon okay, ich fahr wirklich lieber mit dem Rad.«

Frederik gähnte mit offenem Mund. »Können wir jetzt gehen? Ich hab Hunger.«

Thomas machte noch einen Spruch von wegen, in meinem Alter sei er auch nie müde gewesen, und dann gingen die beiden zum Auto. Frederiks Vater war ganz nett. Aber Phoebe hatte recht: Frederik war wirklich ein verwöhnter Arsch. Bei ihm zu Hause war alles perfekt. Er hatte einen Vater, der mit ihm zum Fußball ging, sogar dann, wenn Frederik gar nicht spielte.

Aber der sollte sich noch wundern! Beim nächsten Spiel gegen die *Turbos* würde ich als Legende vom Platz gehen.

Du musst dem Gegner immer ein Tor voraus sein, sagt Vitor, und das war ich. Ich war Frederik meilenweit voraus.

Ich nahm die Hände vom Lenker und streckte sie in die Luft. So sehen Sieger aus. Ein Auto hupte wie wild. Es waren Mo und sein Bruder.

Zu Hause verstaute ich meine Fußballtasche wie immer im Keller. Für einen Moment blieb ich vor dem Hinterausgang stehen und horchte. Von drinnen waren die üblichen Samstagvormittags-Geräusche zu hören. Ein Gemisch aus Kleinkindergeplapper und Müttergeschwätz. Bestimmt war Sam oben in der Wohnung. Manchmal, wenn viel Betrieb war, nahm Mama ihn nicht mit in den Laden. Ich konnte es kaum erwarten, ihm vom Fußballspiel zu erzählen. So schnell ich konnte, rannte ich die Treppe hoch und geradewegs in Phoebes Arme.

»Hallo, Phoebe.«

Sie grinste. »Thomas sagt, du hättest heute spitze gespielt. Kann ich mir zwar nicht vorstellen, aber wenn unser Hobby-Trainer das rumposaunt, dann wird da schon was dran sein!«

Phoebe hielt einen Besen in der Hand, und vor unserer Wohnungstür lag eine Schaufel.

»Hallo, ich rede mit dir! Bist du beleidigt? War doch nur Spaß. Ich weiß, dass du der Beste bist.«

Hektisch schaute ich zur Tür. Hoffentlich hatte Trine uns nicht gehört: »Ähm, Phoebe, ich … muss dir was sagen. Es ist total wichtig.« Ich senkte meine Stimme. »Meine Mutter weiß nicht, dass ich bei den *Kickers* spiele. Sie denkt, ich bin am Samstag im Schulgarten. Thomas darf ihr auf keinen Fall sagen, dass er mich da gesehen hat.«

Phoebe war sprachlos. Dann bekamen ihre Augen wieder dieses eigenartige Flackern.

»Echt jetzt? Du hast ihr nichts erzählt? Das ist ja ein Ding!«

Ich nickte stumm.

»Und jetzt soll dir die gute alte Phoebe dabei helfen, dass niemand etwas erfährt.«

Ich nickte erneut.

Phoebe begann, laut zu lachen, und drückte mir den Besen in die Hand: »Fegen!«

»He, warum das jetzt?«

»Kathryns Einkaufstüte ist gerissen, und dabei ist ein Blumentopf kaputtgegangen. Ich kriege fünf Euro, wenn ich das ganze Treppenhaus sauber mache. Du putzt, ich schweige! Haben wir einen Deal?« Phoebe begann zu pfeifen.

»Das ist Erpressung!« Ich blitzte sie zornig an.

»Nennen wir es einen gegenseitigen Freundschaftsdienst«, erklärte Phoebe.

»Philip, was machst du da draußen? Oh, hallo, Phoebe«. Trine streckte den Kopf aus der Tür.

»Ich war im Schulgarten ...«

»Aber das weiß ich doch.« Trine sah mich lächelnd an.

»Er wollte Ihnen einen Blumentopf mitbringen, und leider ist er runtergefallen.« Phoebe setzte ihr unschuldigstes Phoebe-Lächeln auf.

»Ich helfe ihm beim Saubermachen.« Sie nahm mir den Besen wieder aus der Hand und kehrte im Nu die Erde zusammen.

»Du wolltest mir einen Blumentopf mitbringen, das ist ja nett«, sagte Trine verwundert. »Willst du nicht reinkommen, Phoebe?«

»Sie hat keine Zeit«, sagte ich.

Phoebe sah aus, als würde sie demnächst losprusten. Dann verabschiedete sie sich überschwänglich von uns und marschierte die Treppe hoch. Doch bevor sie ganz oben war, drehte sie sich nochmals um: »Danke, dass du unten für mich kehrst. Und war voll lustig im Schulgarten, bis zum nächsten Mal, Phil!«

Ich starrte ihr ungläubig hinterher. Hatte sie eben schon wieder für mich gelogen?

»Ihr geht zusammen in den Schulgarten?«, fragte Trine erfreut.

Ich nickte wortlos und machte mich an die Arbeit.

Es gefiel mir nicht, dass Phoebe so viel wusste. Ich hatte nicht mal Mo von meinen Lügen erzählt. *Ein Star braucht seine Privatsphäre*, sagt Vitors Manager. Bloß, wenn ich wollte, dass Mama nichts erfuhr, musste ich Phoebe ins Vertrauen ziehen.

Wieder in meinem Zimmer, ließ ich mich erschöpft auf mein Bett plumpsen. Sam jaulte erschrocken auf und streckte seine Nase unter der Decke hervor. Hier hatte er sich also versteckt.

Ich berichtete Sam vom Spiel gegen die *Turbos* und davon, wie gut ich war, und auch, dass ich mir Sorgen machte, dass Phoebe sich überall einmischte. »Es reicht doch schon, wenn Mama das macht.«

Sam stellte den Kopf schief und schaute mich an. In Hundesprache hieß das wahrscheinlich: Stimmt, du musst aufpassen, Philip.

Dann holte ich Vitors Buch. »Weil du so brav auf mich gewartet hast, lese ich dir etwas vor.«

Ich schlug mit geschlossenen Augen das Buch auf.

Wir spielen in einem Team – immer!, stand da. Unglaublich! Vitor kannte wirklich für jedes Problem eine Lösung. Es war, als hätte er mir eine Brille aufgesetzt: Das mit Phoebe war gar kein Problem. Wenn sie mich unterstützte, so wie vorhin, gehörte sie zu meinem Team. Für ein Spiel. Dank ihrem Pass konnte ich elegant an Trine vorbeispielen. Aber damit war jetzt Schluss. Ab jetzt gab es keine Mädchen mehr in meiner Mannschaft. »Phoebe, du wirst nicht mehr eingewechselt!«, rief ich.

»Wuff!«, bellte Sam.

Allerdings hatte Phoebe nicht vor, auf der Ersatzbank zu warten. Schon am nächsten Morgen wechselte sie sich selbst ein.

Kapitel 9
Tote Tiere

»Selfies? Ich? Not with Phoebe – nicht mit Phoebe. Die
findet mich in letzter Zeit sowieso nur anstrengend. Ich sie
auch. Aber das ist normal. Phoebe ist in the Pubertät.«

Kathryn, Phoebes und Frederiks Mutter

Ich saß mit Trine am Frühstückstisch, als es wie verrückt an unserer Wohnungstür klingelte.

Trine goss sich vor Schreck heißen Kaffee über die Finger, und Mama schrie aus der Dusche, es solle jemand die Tür öffnen.

Sam rannte bellend voraus und ich hinterher.

»Wir gehen zusammen in den Wald«, verkündete Phoebe gut gelaunt.

»Aber ich muss trainieren.«

»Eben.«

»Heute trainierst du mit Coach Phoebe. In fünf Minuten hole ich dich ab. Dreibein darf auch mit.«

»Wer ist es?«, rief Mama aus dem Badezimmer.

»Philips neue Freundin!« Trine stand im Flur und grinste breit.

Ich kniff die Augen zusammen und schaute sie so böse an, wie ich konnte. Bloß dass Trine ihre Kontaktlinsen nicht trug und gar nicht bemerkte, wie ich ... sie anblitzte. Sie lächelte ungerührt weiter.

»Ich geh aber lieber alleine trainieren«, knurrte ich.

»Heute nicht«, sagte Phoebe, und ihre Lippen hauchten ein fast tonloses *Schulgarten*.

So eine fiese Erpresserin! Zwei Minuten später kam Mama im Morgenmantel aus dem Bad und begann, meinen kleinen Rucksack mit Proviant vollzustopfen. Damit wären wir locker eine Woche in der Wildnis über die Runden gekommen.

Phoebe beobachtete Mama zufrieden und nickte zustimmend: »Bananen sind gut, Trauben auch, aber bitte oben drauflegen, sonst zerquetschen sie.«

Nur der Viererpack mit den Tofuwürsten schien ihr keine Freude zu bereiten. Aber Mama hatte keine anderen. Kaum waren wir im Treppenhaus, rannte Phoebe nochmals hoch, um etwas Wichtiges zu holen. Ich hob Sam auf meinen Arm und wartete. Phoebe kam mit einer langen Trüffelsalami zurück und wedelte mit ihr vor Sams Nase herum. Sam sprang hoch und schnappte nach der Wurst. »Aus, Sam!«, sagte ich streng und sah Phoebe strafend an. »Du musst ihn nicht triezen. Das ist fies.«

Phoebe lief eilig in Richtung Straßenbahn.

»Komm schon! Wir gehen in den Wald!«

»Ich will aber lieber im Park trainieren.«

»Hast du etwa Angst?« Phoebe grinste.

Ich schüttelte genervt den Kopf.

Phoebe redete während der ganzen Fahrt. Ich erfuhr, dass ihre Mutter bei einem Traum-Seminar und Frederik und Thomas im Kletterpark waren.

»Warum bist du nicht mit?«, fragte ich.

»Ins Traum-Seminar?!«

»Nein, zum Klettern.«

»Bin ich Spiderman?« Phoebe lachte. »Erstens mag ich keine Seilbrücken, zweitens keine wackligen Bügelstege und drittens keine Seilrutschen. Kombiniere: Das sind keine so guten Voraussetzungen, sich in einem Kletterpark zu amüsieren.«

»Ich mag es auch nicht, so von hoch oben runterzuschauen«, sagte ich.

»Dann hast du Höhenangst. Die kann man überwinden! Das ist psychologisch erwiesen. Bei mir hat das aber nichts mit Angst zu tun!«

»Verstehe, du wolltest einfach nicht mit. Wegen Thomas und Frederik.«

Phoebe lächelte mich an. »Kann sein!«

Nach einem kurzen Fußmarsch waren wir bereits mitten im Wald. Phoebe schaute sich um. »Weißt du, was wir jetzt machen?«

»Joggen?«

»Das auch, aber erst suchen wir ein gut erhaltenes totes Tier. Dreibein wird das für uns übernehmen. Hunde haben super Spürnasen – und sie interessieren sich für Tierkadaver, weil sie gerne Fleisch mögen. Aber so weit, dass dein Hund das Tier frisst, lassen wir es nicht kommen.«

Ich schaute Phoebe fassungslos an. »Und was sollen wir mit einem toten Tier? Wir sind doch zum Joggen hier. Außerdem finde ich tote Tiere eklig.«

»Mann, du musst sie ja auch nicht anfassen.« Phoebe verdrehte die Augen. »Ich brauche ein Tier zum Präparieren. Das ist so eine Art private Challenge!« Und dann fügte sie beiläufig an: »Außerdem habe ich Juri einen Luchs versprochen.«

»Dem aus der Schule?«, fragte ich neugierig.

»Genau!«

»Du kannst ihm doch den Fuchs geben«, schlug ich vor.

Doch Phoebe stapfte bereits durchs Dickicht.

Also hatte Mo doch recht gehabt, und da war etwas mit diesem Juri. Missmutig lief ich hinter Phoebe her.

Ich war mir überhaupt nicht sicher, ob Sam der Richtige war, um tote Luchse aufzuspüren. Das hatte er bisher noch nie getan. Er war an Dosenfutter gewöhnt und nicht an frisches Fleisch. Aber Phoebe meinte, ich solle mir keine Sorgen machen, das Jagd-Gen stecke in jedem Hund. »Sogar ein Schoßhündchen wie Dreibein sollte da was finden können«, meinte sie.

»Du brauchst Sam nicht zu beleidigen«, sagte ich. »Er merkt sich so was.«

»War nicht böse gemeint«, sagte Phoebe versöhnlich, und als ich nicht antwortete, erzählte sie mir begeistert, dass der Tierpräparator des Naturhistorischen Museums vor einem Jahr genau in diesem Wald einen toten Biber gefunden habe. »Ganz frisch.«

»Und hat er ihn ausgestopft?«

»Präpariert«, sagte Phoebe.

Sam begann plötzlich zu bellen und rannte voraus. Der Gedanke, dass Sam auch zum Super-Spürhund taugte, gefiel mir. Vielleicht waren wir beide schon bald berühmt. Sam als Detektivhund und ich als Fußballer.

Phoebe setzte sich auf einen umgekippten Baumstamm. Dann holte sie die Salami hervor und erklärte mir, sie beginne jetzt mit den Vorbereitungen für Sams Training. Dazu schnitt sie die Salami in dicke Rädchen. »Jedes Mal, wenn Sam ein Tier findet, kriegt er eine Belohnung.«

»Du meinst, er findet so viele Tiere?«

Auf dem Baumstamm lagen mindestens zehn Wurststücke. Aber dann verstand ich. Um Sam zu motivieren, bekam er von Phoebe ein paar Vorschuss-Rädchen. Doch trotz der, wie Phoebe sagte, hundert Prozent sicheren Methode schien Sam nicht zu verstehen, was sein Auftrag war. Statt in den Wald zu rennen und tote Tiere anzuschleppen, hüpfte er nach jedem Happen an ihr hoch und verlangte nach weiteren Salami-Rädchen.

»So viel Salz ist nicht gesund.« Ich zog Sam am Halsband zurück. Er hatte schon beinahe die ganze Salami gefressen.

»Wir müssen den Plan ändern.« Phoebe musterte Sam nachdenklich. »Ab jetzt gehen wir vor!« Phoebe verschwand im Unterholz. Sam überholte sie, und ich lief beiden hinterher. Phoebe trennte die Zweige eines Haselnussstrauches und hielt sie fest, damit sie mir nicht ins Gesicht schlugen.

»Danke.«

»Schau auf den Weg!«

»Wegen der Tiere?«

»Nicht nur.«

Phoebe erzählte mir jetzt, dass sie in einem Kriminalfilm gesehen hatte, wie ein Jogger eine Leiche gefunden hat.

»Eine Frau mit blonden Haaren. Der Jogger hat erst nur ihre blonden Locken im Laub entdeckt.«

»Echt?«

Phoebe genoss sichtlich mein Entsetzen und scharrte mit der Schuhspitze im Laub.

»Ihr Mann hatte sie erschlagen und im Wald vergraben.«

Jetzt begann auch Sam zu scharren. Ich hoffte, dass Sam keine blonden Haare finden würde.

»Denkst du, es gibt in den Wäldern viele vergrabene Leichen?«

»Ich glaub schon.« Phoebe seufzte. »Aber die meisten findet man nie.«

»Können wir weiter?«, sagte ich ungeduldig und zog sie am Arm.

Wir liefen durchs Unterholz, fanden aber keinen einzigen Tierkadaver und – abgesehen von Ameisen und Käfern – auch keine lebenden Tiere.

Dann setzten wir uns am Waldrand auf einen großen Stein und teilten den Rest der Salami unter uns auf. »Kennst du noch mehr so gruselige Krimis?«

Phoebe nickte und erzählte mir von einer Frau und ihrem Geliebten, die mehrmals versucht hätten, den Ehemann mit Pilzgerichten zu vergiften. »Beim dritten Mal ist es ihnen gelungen.«

»Der Mann muss ziemlich zäh gewesen sein«, sagte Phoebe. Dann erzählte sie mir von ihrem richtigen Vater, der in Kanada Wildhüter sei und einen Bärenangriff überlebt habe.

»Aber du hast doch gesagt, du seist ein Unfall und dass deine Mutter deinen Vater gar nicht kennt.«

Phoebe sah mich prüfend von der Seite an.

»Na, hör mal, ein bisschen muss sie ihn ja schon gekannt haben.« Phoebe reichte mir die offene Tüte mit den Chips.

»Alles genau wie bei mir«, sagte ich.

»Wie bei dir?«

»Mit Vitor.«

Phoebe lächelte.

»Ach so, stimmt. Ja, alles genau wie bei dir, Philip.«

Ich hätte gerne mit Phoebe noch ein bisschen länger über Vitor geredet. Schließlich war sie die Einzige, mit der ich über meinen richtigen Vater reden konnte.

Doch sie wollte unbedingt, dass ich noch mein Lauftraining machte.

In der Nähe gab es eine Naturlaufbahn, und Phoebe behauptete, das Laufen auf Sägespänen sei sehr gesund. Ich fand es ziemlich langweilig, im Kreis herumzurennen. Wenigstens schien Sam daran Gefallen zu finden, bellte übermütig.

»Das ist kein Spielplatz«, schimpfte eine Rentnerin, die hier ebenfalls ihre Runden drehte. Ihre Kollegin nickte zustimmend.

»Doch, seit letztem Montag dürfen hier auch Hundehalter mit ihren Hunden joggen, das stand in der Zeitung«, erklärte Phoebe, ohne mit der Wimper zu zucken. Die beiden Frauen sahen sich an und begannen darüber zu diskutieren, dass sie bei der Waldaufsicht Einspruch erheben wollten.

»Bist du enttäuscht, dass wir keinen Luchs gefunden haben?«, fragte ich Phoebe auf dem Heimweg.

Sie zuckte mit den Schultern. »Na ja, ich steh jetzt schon ein bisschen blöd da vor Juri.«

»Du kannst doch einen Aushang im Supermarkt machen«, schlug ich ihr vor.

»Coole Idee«, sagte Phoebe. »Dann kann ich schon mal mit Meerschweinchen und Hamstern üben.« Sie grinste, und ich grinste auch.

Kapitel 10
Besuchstag im Schulgarten

»Ich mache nur Selfies mit Bärchen, meiner Katze.
Aber Bärchen lebt nicht mehr, und jetzt will ich
keine Selfies mehr machen.«

Selim

Seit dem Sonntag, an dem wir gemeinsam im Wald waren, kam Phoebe regelmäßig vorbei, um mich zum Training abzuholen.

Beim Training achte ich immer auch auf Abwechslung. Die immer gleichen Abläufe sind Gift für den Sportsgeist, sagt Vitor, und Phoebe hatte laufend neue Ideen, wie sie meinen Sportsgeist auf Trab halten konnte. Sie hatte sich extra eine App mit Trainings-Tipps für zu Hause runtergeladen. Es störte mich auch überhaupt nicht mehr, dass sie so viel redete. Phoebe war definitiv in meinem Team. Alles lief bestens.

Doch dann kam dieser blöde Besuchstag im Schulgarten. Emma hatte Trine eine Nachricht geschickt, und Trine musste gleich Mama informieren. »Samstag in einer Woche sind alle Schulgärten der Stadt für Eltern und Verwandte geöffnet«, erklärte sie strahlend und hielt mir ihr Handy unter die Nase.

Auf ihrem Display war das Plakat zu sehen, das bei uns in der Schule im Flur hing. Nur in klein.

Innerlich würgte und boxte ich Emma. »An einigen Orten gibt es sogar einen Markt mit Setzlingen und getrockneten Kräutern«, fuhr Trine fort. »Wir kommen erst zu dir, und dann gehen wir alle gemeinsam zu Emma.« Na großartig! »Aber Mama arbeitet am Samstag im Laden.« Meine Stimme überschlug sich fast.

»Yasemin kann auf den Laden aufpassen. Für zwei, drei Stunden schafft sie das schon«, sagte Trine und putzte ihre Brille. Die Wettervorhersage für die nächsten zwei Wochen ist ausgezeichnet, und deiner Mutter tut es gut, zwischendurch einen freien Samstag zu haben.«

»Ich kann wahrscheinlich nicht zum Zusatz-Training kommen«, erklärte ich Mo in der Schule. Mein Plan war, dass ich am Besuchstag Fieber vortäuschte, damit ich zu Hause bleiben konnte. Dann würde Trine nur zu Emma gehen, und niemand würde bemerken, dass ich noch nie im Schulgarten war.

»Pech für dich, Bruder. Dann wirst du halt nicht entdeckt«, sagte Mo mit einem zufriedenen Grinsen.

Erst verstand ich nicht, was er meinte. Bis er mir endlich erzählte, dass genau an diesem Samstag der Tag der Talente stattfinden würde und dass sich ein wichtiger Kollege von Herrn Branko unser Training ansehen würde.

»Mann, er hat uns doch schon vor Wochen einen Zettel gegeben.« Mo überlegte. »Aber da warst du noch nicht dabei.«

Ich fühlte, wie mir gleichzeitig heiß und kalt wurde. Herr Branko hatte mich erst kürzlich gelobt, ich würde mich zu einem verlässlichen Spieler entwickeln. Nicht auszumalen, was er sagen würde, wenn ich nicht zu diesem wichtigen Training erschien. Bestimmt würde er mich dann nicht an seinen Kollegen weiterempfehlen.

Am Nachmittag mussten wir mit Frau König in die Bibliothek. Alle waren in ihre Bücher vertieft – mit Ausnahme von mir und Selim. Ich überlegte die ganze Zeit fieberhaft, wie ich Mama und Trine davon abbringen konnte, am Samstag in den Schulgarten zu gehen, aber mir fiel einfach nichts ein. Selim saß auf dem roten Plüschsofa mir gegenüber und schniefte leise vor sich hin.

»Was ist denn mit dir los, Liebes?«, fragte Frau König.

Wie auf Knopfdruck begann Selim laut zu heulen. »Bärchen Nummer zwei wurde heute Morgen von einem Auto angefahren, und Papa sagt, wir wollen kein Haustier mehr, weil doch schon Originalbärchen überfahren wurde.«

Alle trösteten Selim, auch Frau König. Sie sagte, Bärchen sei zwar nicht mehr da, aber auch nicht weg. In Selims Herzen würde sie weiterleben. Das machte Selim aber nur noch viel trauriger, und auch Carla begann jetzt laut zu schluchzen.

»Ich habe eine Idee«, erklärte ich Selim. »Ich kenne jemanden, die kann Katzen ausstopfen, und dann hast du sie wirklich für immer.« Selim horchte auf.

»Wie für immer?«

»Als Plüschtier.«

»Philip, ich glaube nicht, dass das eine gute Idee ist, Selim solche Sachen zu erzählen«, sagte Frau König, dabei zuckten ihre Mundwinkel missbilligend.

»In der Pause«, raunte ich Selim zu.

Sie nickte und zog lautstark ihren Rotz hoch.

Vor lauter Freude, dass ich ein totes Tier für Phoebe aufgetrieben hatte, vergaß ich vorübergehend die Sache mit dem Schulgarten.

Gleich nach der Schule passte ich Phoebe ab. »Ich habe eine tote Katze für dich zum Ausstopfen.« Ich erzählte ihr alles. Dass Bärchen laut Selim äußerlich noch völlig unbeschädigt aussah und jetzt bei Selim zu Hause auf ihr Begräbnis wartete.

»Du bist super!« Phoebe war begeistert.

»*Tja, während andere überlegen, lande ich den Treffer.*«

Phoebe grinste: »Philips Bibel, Kapitel 2, dritter Absatz.«

Ich hatte mit Selim vereinbart, dass wir die Katze noch am gleichen Tag abholen würden. Bis zu ihr war es nicht weit, und gleich nach dem Mittagessen machte ich mich auf den Weg. Phoebe kam auch mit. Was gut war, denn schließlich wollte ja sie Bärchen ausstopfen.

Während wir zu Selim gingen, erzählte ich Phoebe vom Schulgarten und dass Mama und Trine am Samstag unbedingt hingehen wollten.

»Wow, schätze, da haben wir ein kleines Problem«, sagte Phoebe nachdenklich. »Wir müssen das verhindern.«

»Ja, schon ... Aber wie soll das gehen?«

»Lass Tante Phoebe überlegen. Mir fällt immer etwas ein.«

Für die nächsten paar Minuten sagte sie kein Wort mehr und ich auch nicht, weil ich sie auf keinen Fall beim Finden einer guten Idee stören wollte.

Selim stand bereits vor dem Haus und winkte wie wild, als sie uns sah. »Meine Eltern haben gesagt, es darf nichts kosten«, begrüßte sie uns.

»Das geht in Ordnung. Ich nehme kein Geld für meine Arbeit. Noch nicht.« Phoebe griff nach der Tüte und schaute hinein.

»Die ist ja riesig!«

Selim nickte stolz. »12 Kilogramm.«

Auf dem Heimweg erklärte mir Phoebe, dass sie die Katze in den Sommerkurs im Naturhistorischen Museum mitnähme. Und dass der Präparator bestimmt begeistert sein würde, dass sie so ein großes Tier dabeihabe. »Die anderen bringen sicher nur Mäuse mit.«

»Super«, sagte ich.

Phoebe guckte nochmals in die Tüte.

»Das heißt aber auch, dass ich Bärchen bis zu den Ferien bei euch zwischenlagern muss.«

»Warum bei uns?«

»Im Tiefkühler!«

Ich schaute Phoebe entsetzt an: »Also, ich glaube nicht, dass das geht.«

»Muss es aber! In unseren Tiefkühler passt er nicht.«

Wir diskutierten noch eine Weile hin und her, bis ich schließlich einwilligte, die tote Katze unter den Behältern mit Mamas selbst gemachter Lasagne zu verstecken.

Wir trugen die Tüte mit Bärchen abwechselnd. Alle paar Meter mussten wir eine Pause einlegen. Bärchen war wirklich ziemlich schwer.

»Ich habe eine Idee!«, rief Phoebe plötzlich. »Mag deine Mutter Heuschrecken?«

»Keine Ahnung.«

Phoebe erzählte mir, was sie vorhatte. Sie kicherte vor Vergnügen.

»Meinst du, das klappt?«

»Natürlich.«

Der Plan war, dass ich erst die Katze verstaute und Phoebe ein paar Minuten später zu Mama in den Laden kam.

Eine Viertelstunde später war sie immer noch nicht da. Unschlüssig stand ich im *Luftballon* und versuchte, so zu tun, als wäre es das Normalste der Welt.

»Suchst du etwas Bestimmtes?«, fragte Mama, nachdem ich schon zum dritten Mal um den Ständer mit den grau gepunkteten Kleidern herumgestrichen war. »Nein, also ... Ich wollte bloß nach Sam sehen.«

Mama sah mich erstaunt an. »Aber der ist doch oben, du hast ihn selbst hochgebracht.«

»Vergessen«, murmelte ich und starrte angestrengt auf ein Plakat, das auf einen Erzählnachmittag in der Bibliothek hinwies.

»Willst du dahin?«, fragte Mama neugierig.

»Äh, nein, wie kommst du darauf?«

Und dann ging endlich die Ladentür auf.

»O mein Gott!«, schrie Phoebe. »Hast du es deiner Mutter schon erzählt?«

»Was?« Mama runzelte die Stirn. »Unser Schulgarten wurde von Heuschrecken überfallen«, sagte Phoebe.

»Um Himmels willen!«, rief Mama.

Phoebe wechselte ihren Gesichtsausdruck blitzschnell von entsetzt zu tieftraurig. Sie war wirklich unglaublich.

»Alles weggefressen,
der ganze schöne Salat und
die Tomaten und der Spinat.«
Phoebe sah Mama traurig an. »Aus
dem Besuch morgen wird wohl nichts.«

Mama sah mich an. »Und du hast nichts davon
gewusst, Philip?«

Doch bevor ich etwas sagen konnte, kam mir Phoebe
zuvor. »Das ist typisch Jungs. Bestimmt hat es seine Lehrerin erzählt, aber er hat nicht zugehört.« Sie
grinste Mama verschwörerisch an,

und Mama lächelte schwach. Woher wusste Phoebe, dass Mama mir genau das immer vorhielt?

»Aber die gute Botschaft ist: Der Tag der offenen Schulgärten wird nachgeholt. Irgendwann.« Phoebe strahlte.

»Immerhin«, sagte Mama und seufzte so tief, als müsste sie tausend Kilogramm Schulgartenkartoffeln durch den Laden tragen.

Ich schaute Phoebe dankbar an. Ich war gerettet, und als Trine mich später fragte, ob ich mit ihr zu Emmas Schulgarten fahren wollte, behauptete ich, dass ich bereits mit Phoebe verabredet sei. Worauf sich Mama und Trine bedeutungsvoll zuzwinkerten, was mir in dem Moment ziemlich egal war. Allerdings ließ die nächste Katastrophe nicht lange auf sich warten.

Kapitel 11
Ich bin ein Star!

»Wenn ich ein Selfie mache, sehe ich fröhlich aus.
Weil ich fast immer fröhlich bin. Außer wenn mich etwas
nervt. Was zum Glück fast nie passiert.«

Benji

Zwei Tage später verkündete Mama, es gäbe zum Abendessen Lasagne. Erst dachte ich mir nichts dabei. Doch als ich Mamas Schrei im Treppenhaus hörte, fiel mir sofort Bärchen ein, die ja immer noch bei uns im Tiefkühler war. »Mama!« Ich rannte, so schnell ich konnte, die Treppe hinunter.

Aber Mama war gar nicht bis in den Keller gekommen. Sie saß auf der untersten Treppenstufe und rappelte sich mit schmerzverzerrtem Gesicht auf. »Scheiß Schuhe!«, jammerte sie und begutachtete die Ledersohle ihrer neuen Sandalen, die offenbar schuld daran war, dass sie ausgerutscht war.

»Ich hole die Lasagne!«, rief ich schnell und rannte an ihr vorbei die Treppen hinunter.

»Danke, Philip.« Mama humpelte wieder hoch.

Ich hatte noch mal Glück gehabt, aber es war wohl nur eine

Frage der Zeit, bis sie das nächste Mal zum Tiefkühler wollte. Immer konnte ich Mama nicht überwachen. Ich musste unbedingt Phoebe überzeugen, Bärchen woanders unterzubringen.

Nach dem Abendessen ging ich zu ihr hoch. Aber sie war nicht zu Hause, dafür Frederik, der mir mitteilte, dass er nach den Ferien zu den *Kickers* wechseln würde. Jetzt tauchte auch noch Thomas im Türrahmen auf.

»Sind das nicht gute Neuigkeiten? Dann können wir zusammen fahren, und wenn ich mal nicht kann, dann fährt vielleicht deine Mutter ...«

»Nein!«, schrie ich entsetzt. »Die arbeitet immer und kann nie, und Fußball interessiert sie überhaupt nicht. Du brauchst sie erst gar nicht zu fragen!«

Thomas versprach, dass er Mama nicht noch zusätzlich belasten wolle.

»Ja, bitte, tu das nicht! Mama ist eine alleinerziehende Mutter«, sagte ich mit Nachdruck.

Thomas nickte verständnisvoll, und Frederik fragte mich, was ich denn eigentlich von seiner Schwester gewollt hätte.

»Habe ich grad vergessen«, sagte ich, was bestimmt ein bisschen blöd klang.

Die nächsten Tage hatte ich keine Zeit mehr, an Phoebe und Bärchen zu denken. Bis zum Tag der Talente nutzte ich jede Minute, um zu trainieren.

Ich legte mich auf den Boden und warf den Ball an die Wand, um ihn gleich darauf wieder aufzufangen: Rumpfbeugen für Fußballer,

Vitor machte das auch jeden Tag. Sam gefiel das auch, er bellte jedes Mal, wenn ich den Ball an die Wand warf.

Das ging so lang, bis Mama ins Zimmer kam und sagte, ich solle nicht so einen Krach machen. »Wenn du Ball spielen willst, musst du nach draußen gehen.«

»Das war Sam«, sagte ich, worauf Sam noch mehr bellte.

Mo behauptete, er sei schon so gut wie entdeckt. Das machte mir nichts aus. Ich war mir sicher, dass auch ich entdeckt werden würde. Herr Branko hatte in den letzten Wochen immer wieder meine Spielintelligenz und meine Fortschritte gelobt. »Du bist zwar ein Zwerg, aber du hast kapiert, um was es geht.«

Vitor sagt, das Talent sei wichtiger als die Physis. Was so viel heißt wie, Größe allein ist nicht alles. Aber das sagte ich Herrn Branko nicht. Stattdessen gab ich mir noch mehr Mühe, vorausschauend zu spielen.

Am Samstag waren Mo und ich als Erste da. Ich hatte Mama erzählt, dass ich mit Phoebe baden ging, was sie eine gute Idee fand bei diesem schönen Wetter.

Herr Branko schaute mürrisch, als wir ankamen. Was sicher daran lag, dass Mos Vater eine Zigarette neben dem Rasen ausdrückte.

»Das Testspiel beginnt erst in einer Stunde«, blaffte er uns an.

»Können wir etwas helfen?«, fragte ich. Herr Branko stutzte. »Okay, ihr könnt mir helfen, Bänder bereitzulegen und Bälle zu holen.«

»Mein Vater sagt, dass Branko sich fürchtet, dass ich abgeworben werde«, erklärte mir Mo. Sein Vater saß jetzt auf der Bank und grinste uns zu. Dabei sah er aus wie ein freundlicher Hai. Ein bisschen fürchtete ich mich immer vor ihm, obwohl ich auch gerne so einen Vater gehabt hätte, der mich zum Fußball fährt und mit mir trainiert.

Wenig später standen plötzlich überall Eltern herum. Kaum traf einer ihrer Söhne, feuerten sie ihn lauthals an. Die Mütter noch lauter als die Väter.

Wir spielten auf allen Positionen. Immer wieder mussten wir Ball abgeben, jonglieren, dribbeln, Freistöße üben. »Bewegung! Fair spielen, aber trotzdem deinem Gegner die Bälle abjagen!«, spornte Herr Branko uns an.

Ich rannte mir fast die Lunge aus dem Leib. Einmal sah ich, wie Herr Branko mit einem Mann redete und auf mich zeigte. Das war bestimmt ein gutes Zeichen.

Nach dem Training gingen Luiz' Eltern als Erste auf Herrn Branko zu.

»Der Junge muss es auch wollen! Nicht nur Sie«, hörte ich Herrn Branko sagen. »Luiz will das, was wir wollen«, sagte sein Vater, und die Mutter nickte stumm.

Beim Abschied klopfte mir Herr Branko auf die Schulter: »Du bist ein flinkes Kerlchen. Wissen eigentlich deine Eltern, was für Fortschritte du machst? Kann es sein, dass ich sie noch nie bei einem Spiel gesehen habe?«

»Sie haben wahnsinnig viel zu tun«, sagte ich schnell.

»Ah ja?«

»Sie sind Notärzte, und die meisten Notfälle passieren am Wochenende.« (Das hatte uns Frau König erzählt. Ihr Bruder ist Notarzt.)

»Dann klär doch mal mit ihnen, ob es möglich ist, dass du am Dienstag zusätzlich ins Training kommst. Sag deiner Mutter, sie soll mich anrufen.«

»Mach ich!«, rief ich hocherfreut.

Ich hatte es geschafft. Herr Branko wollte mich fördern. Ich würde der berühmteste Fußballer aller Zeiten und genauso unbesiegbar wie Vitor werden.

Ich ließ den Fahrradlenker los und schrie: »*Ich glaube daran, dass ich der Beste bin, und hole das Maximum aus mir raus.*« Mir war, als würde ich Vitors Stimme hören, der sagt: *Gut so, mein Junge.* Jetzt brauchte ich nur noch jemanden, der anstelle meiner Mutter Herrn Branko anrief: Phoebe!

Ich stürmte die Treppe hoch. Aber sie war schon wieder nicht zu Hause. Ich traf sie erst, als ich abends mit Sam rausging. Sie lehnte sich an die Hauswand und redete mit einem Jungen. Der Junge beugte sich über sie, und Phoebe kicherte. Ich konnte nicht sehen, wer es war, weil er eine Kapuze trug. Die beiden verabschiedeten sich mit Handschlag, und der Junge sprang auf sein Skateboard.

Schnell lief ich auf Phoebe zu.

»He! Kleiner!«

»Nenn mich nicht ›Kleiner‹!«

»Kein Problem, wir spulen die Zeit zurück. Hallo, Philip, was läuft?« Phoebe kicherte. Sie war bester Laune. Ich erzählte ihr von meinem Training und dass alles super lief und ich bald mehr trainieren konnte.

Phoebe hörte mir aufmerksam zu: »Weißt du, auf was du dich da einlässt?«

Ich nickte.

Phoebe schüttelte langsam den Kopf. »Das glaub ich nicht! Es bedeutet nämlich: Du trainierst wie ein Idiot, und wenn du nicht genügst, aus die Maus.«

»Aber ich bin gut und werde immer besser, und du musst Herrn Branko anrufen und so tun, als wärst du meine Mutter, die mir das zusätzliche Training erlaubt.«

»Nö.«

»Bitte!«

»Aber das wird immer komplizierter. Du solltest lieber mit deiner Mutter reden.«

»Das geht nicht!« Ich bekam Panik. Wenn Phoebe mich jetzt hängen ließ, war alles verloren. Ich redete so lange auf sie ein, bis sie schließlich nachgab.

»Okay, Handy her!«

»Also, du musst nicht jetzt gleich ...«

»Nummer!«

Zwei Minuten später hatte sie Herrn Branko am Telefon. Phoebe spielte ihre Rolle wirklich gut. Sie sagte, wie sehr sie sich für ihren Sohn (mich) freute und dass sie mich unterstützen würde.

Plötzlich stockte sie. »Wieso Notfallstation?«

Ich machte eine Grimasse, was bedeuten sollte: »Sag jetzt bloß nichts Falsches.« Aber Phoebe hatte schon begriffen.

Nachdem sie fertig war, gab sie mir wortlos mein Handy zurück.

»Danke, das vergesse ich dir nie.«

»Apropos vergessen.« Phoebe grinste. »Vergiss nicht, wieder mal mit Wasser in Kontakt zu treten, mein Guter. Duschen nach dem Training ist obligatorisch, auch für angehende Stars.«

Kapitel 12
Tag der Wahrheit

»Mo und ich haben zusammen ein Selfie gemacht
mit so Smiley-Emojis auf unseren Gesichtern. Ich bin
mega glücklich!«

Philip

»Donnerstag habt ihr schulfrei!«, verkündete Frau König am Montagmorgen. Und damit deswegen nicht zu viele wertvolle Deutschstunden verloren gingen, sollten wir einen Aufsatz schreiben.

»Immer verdirbt sie uns mit ihren Hausaufgaben die ganze schöne Freizeit.« Mo machte ein Gesicht, als hätte er in einen faulen Apfel gebissen.

Frau König tat so, als hätte sie nichts gehört, und nannte uns die drei Aufsatzthemen. Alle hatten etwas mit Ferien zu tun: Ferien am Meer, Ferien zu Hause und krank in den Ferien. (Wahrscheinlich dachte sie, das würde das Schreiben für uns interessanter machen, was aber nicht stimmte.)

»Ich weiß zu allem was!«, rief Ella.

»Das ist schön, du musst dich aber trotzdem entscheiden«, erklärte Frau König.

»Ihr könnt jetzt schon beginnen, an euren Ideen zu arbeiten.«

Mo drehte sich zu mir: »Heute Nachmittag auf dem Schulhof«, raunte er mir zu. »Profitraining mit meinem Cousin.«

Ich nickte erfreut. Seit Herr Branko mich vor allen gelobt hatte, gehörte ich zu Mos engstem Freundeskreis. So wie Luiz und Benji, der allerdings für Mo mehr so etwas wie ein »Diener-Bro« war, denn er musste hauptsächlich Mos Tasche tragen.

Ich schaute auf mein leeres Blatt. Keines dieser Themen interessierte mich auch nur im Geringsten. Vor einem Jahr war ich mit Mama und Trine in Dänemark am Meer gewesen. Es hatte die ganze Zeit geregnet und war saukalt gewesen. Wenn wir nicht zu dritt mit dem Fahrrad unterwegs waren, nähten Mama und Trine an einem Quilt aus Stoffresten. Mir gaben sie einen Sauerteig, auf den ich aufpassen sollte. Er sah so eklig aus, dass ich ihn vorsorglich die Toilette runterspülte. Niemand will Brot aus einem stinkenden, klebrigen braunen Teig essen. Und dann tauchte nach einer Woche auch noch Trines Schwester mit Emma auf. Von da an gingen wir jeden Tag ans Meer, und Emma begann zu heulen, weil ich mit einer toten Qualle nach ihr geworfen hatte. Danach bekam ich Ferienhaus-Arrest. Was das Beste am ganzen Urlaub war, denn von da an hatte ich meine Ruhe.

Ella tuschelte mit Selim, und Benji schaute aus dem Fenster.

Der Schlüssel, um etwas zu erreichen, ist, damit anzufangen, sagt Vitor. Ich senkte den Kopf und schrieb los: »Titel: Ferien am Meer. Das Meer ist groß, nass und kalt. Vor allem in Dänemark. Da ist es besonders kalt, und es regnet fast immer. Am Strand liegen Steine und tote Quallen.« Ich überlegte mir, ob ich noch etwas Positives schreiben sollte, damit Frau König sich freute. Ich schrieb: »Es gibt aber auch schöne Strände. Vitor Santos, der beste Fußballer der Welt, hat als Kind am Strand Fußball gespielt.« Das musste reichen. Fertig. *Kluges Spiel* führt zum Sieg. Ich drehte das Blatt um, damit Frau König nicht sehen konnte, dass ich bereits fertig war, sonst hätte sie sich womöglich noch eine weitere Aufgabe für mich ausgedacht.

»Wo ist eigentlich deine Klarinette?« Trine schaute mich fragend an. Mama schüttelte die Flasche mit ihrer hausgemachten Salatsoße und hob jetzt ebenfalls den Kopf.

»Ähm, ich habe sie meinem Kumpel Mo ausgeliehen«, sagte ich schnell. »Seine Eltern haben kein Geld, um ihm eine eigene zu kaufen.«

»Ach so«, sagte Trine. »Emma will ein neues Instrument lernen, und da dachte ich ...«

»Aber wenn du die Klarinette deinem Freund ausleihst, dann ist das sehr in Ordnung«, sagte Mama, »aber ein bisschen schade ist es schon, dass du kein Instrument mehr spielst.«

»Vielleicht nach meinem Wechsel aufs Gymnasium wieder.«

»Wirklich?« Mama sah mich erfreut an.

Eigenartig, das Lügen fiel mir immer leichter. Ich fühlte mich wie ein Torwart, der die schwierigsten Bälle hielt. Ich war in Topform.

Als ich am Donnerstag mit Sam zu unserem Trainingstreffen ging, waren Mo und Luiz bereits da. Sie rannten über den Schulhof und jagten sich gegenseitig den Ball ab. Benji stand im Tor, und Mos Cousine, die anstelle seines Cousins gekommen war, filmte Mo beim Anlaufnehmen. Zuerst übten wir Tore schießen. (Das ist das Einzige, was Mo gerne macht.) Weil Benji keine Lust mehr hatte, sollte Luiz ins Tor. Aber nachdem ich 10:7 in Führung gegangen war, wollte Mo auch nicht mehr weiterspielen. Seine Cousine fragte, ob sie ins Tor solle. »Wir sind zu gut für dich«, sagte Mo. Luiz schlug vor, zu Benji nach Hause zu gehen, um dort zu zocken. »Du kannst mir die Filme schicken«, sagte Mo seiner Cousine zum Abschied.

»Schon gelöscht«, sagte sie schnippisch.

»Spinnst du?!«

»Selber schuld! Du hast gesagt, ich dürfe auch mitspielen.« Beleidigt marschierte sie davon.

»Mädchen«, sagte Mo und seufzte tief. »Übrigens, hast du gewusst: Deine komische Nachbarin ist mit Juri aus der Achten zusammen. Der ist straffällig.«

»Wieso?«

»Mein Bruder sagt, er trinkt Alkohol.«

»Phoebe trinkt aber nicht.«

»Noch nicht!«, sagte Mo und schaute mich bedeutungsvoll an. »Mann, wenn du in dem Alter beginnst, dann bist du mit achtzehn total fertig.«

»Klar«, sagte ich, obwohl ich nicht ganz verstand, was Mo damit meinte.

Für den Rest des Nachmittags waren wir bei Benji zu Hause. Seine Mutter brachte uns allen ein Eis, und sogar Sam bekam eines.

(Benjis Mutter behauptete, es sei ihr auf den Küchenboden gefallen. Aber ich weiß, dass das nicht wahr ist. Sie konnte bestimmt seinen Bettelaugen nicht widerstehen.)

Auf dem Heimweg waren Sam und ich bester Laune, und als ich in unsere Straße einbog, wollte ich wie immer schnell an Mamas Laden vorbeilaufen. Doch diesmal klappte es nicht. Mama hatte mich gesehen und kam vor die Tür. Hätte ich gewusst, was auf mich zukommt, wäre ich bestimmt zum Hintereingang rein.

»Philip, wo warst du den ganzen Nachmittag? Vorhin war Selims Vater hier. Er sagt, du hättest Selims tote Katze bei dir.« Mama sah mit einem Mal erschöpft aus. »Sag bitte, dass das nicht wahr ist!«

»Ja, also nein. Ich habe sie nur zwischengelagert.« Ich schaute an Mama vorbei in den Laden.

»Zwischengelagert?«

»Ja, also ... in unserem Tiefkühler.«

Mama sah mich verständnislos an. »Wieso machst du so etwas?«

Ich erzählte ihr ausführlich, dass ich eigentlich gar nichts mit der Sache zu tun hatte (was nicht stimmte) und dass die Katze für Phoebe bestimmt war, weil sie eben unbedingt ein Tier zum Präparieren wollte (Das entsprach der Wahrheit!).

Mama hörte mir aufmerksam zu, dann drehte sie plötzlich den Kopf zur Tür. »Phoebe, gut, dass ich dich sehe. Könntest du bitte mal kommen!«

Kapitel 13
Allerlei Streit

»Das Selfie, das ich mit Philip im Wald gemacht hatte,
habe ich gleich als Erstes gelöscht.«

Phoebe

Ich stand mit dem Rücken zur Tür und hatte Phoebe nicht bemerkt.

»Jetzt gleich!«, sagte Mama.

Phoebe kam langsam auf uns zu und lächelte.

»Tag, Frau Fischer, was gibt's? Brauchen Sie jemanden, der auf den Laden aufpasst? Also, ich hab leider im Moment überhaupt keine Zeit ...« Phoebes Stimme klang immer noch fröhlich.

Mama stand da wie eine Raubkatze, bevor sie zum Sprung ansetzt: »Weshalb muss Philip für dich tote Tiere in unserem Tiefkühler lagern?«

»Nur *ein* Tier«, sagte ich kleinlaut. Ich traute mich nicht, Phoebe anzusehen.

»Die Katze ist für meinen Tier-Präparier-Kurs im Naturhistorischen Museum. Der Kurs beginnt in den Sommerferien«, erklärte Phoebe eifrig.

Mama holte tief Luft. »Also, das geht mir jetzt wirklich zu weit! Weißt du, wie unhygienisch das ist! Ich will keine toten Tiere bei uns im Kühler!«

Phoebe sah Mama neugierig an. »Aber Sie haben doch auch Würste im Kühler. Das sind doch genau genommen auch tote Tiere. Einfach in einer anderen Form.«

Phoebe begann Mama zu erklären, dass Bakterien bei Minus 18 Grad sowieso nicht überleben würden und dass die Katze ja eingepackt sei. Aber das schien Mama keineswegs zu beruhigen, sie schnaubte wie ein Drache.

»Und dann ist da noch was anderes, ihr beiden. Wollt ihr mir nicht noch etwas zum Schulgarten erzählen?«

Zu allem Übel war auch noch Ellas Mutter in den Laden gekommen und schwärmte vom Besuchstag im Schulgarten.

»Ellas Mutter wusste nichts von einer Heuschreckenplage«, sagte Mama vorwurfsvoll. »Wieso bringst du Philip dazu, uns so einen Quatsch zu erzählen, Phoebe?«

Phoebe zuckte mit den Schultern.

»Man spricht es eigentlich Fibi aus«, sagte ich schnell. Ein Ablenkungsmanöver.

»War doch nur Spaß«, erklärte Phoebe mit einem Seitenblick zu mir, »ich dachte eh nicht, dass Sie das glauben.« Und als Mama sie wütend ansah, fragte sie: »Kann ich jetzt gehen?«

»Ist das alles, was du dazu zu sagen hast?« Mama schüttelte grimmig den Kopf.

»Okay, es tut mir leid«, sagte Phoebe und schaute mir direkt in die Augen.

Mir war schwindlig. Phoebe hatte Mama kein Wort vom Fußballtraining erzählt. Sie hatte alles auf sich genommen. Dann sagte Mama, sie sei wirklich ein bisschen enttäuscht (von Phoebe). Im Umgang mit jüngeren Kindern (mir!) hätte sie doch eine Verantwortung. War das peinlich! Mama tat so, als wäre ich ein Baby und als wäre alles Phoebes Schuld. Was nicht zutraf. Phoebe warf mir ab und zu einen Blick zu, als würde sie erwarten, dass ich auch etwas sagte. Aber ich biss mir auf die Lippen und schwieg. Dann nahm ich Sam auf den Arm und behauptete, er müsse dringend noch mal raus. Ich versteckte mich hinter dem Haus und wartete darauf, dass Phoebe herauskam. Ich wollte ihr unbedingt sagen, dass es mir leidtat. Aber Phoebe kam nicht, und nach einer Weile wurde Sam ungeduldig und begann zu winseln.

Nach dem Abendessen wollte Mama unbedingt noch mal mit mir reden. Dabei hatte sie doch schon genug geredet!

Ich saß auf meinem Bett und wartete.

Vitor schaute stumm von seinem Poster auf mich hinunter. *Heute verlierst du, morgen gewinnst du.* Wenn nur das Morgen bald eintreffen würde!

Mama steckte den Kopf zur Tür rein. »Kann ich reinkommen, Philip?« Ohne meine Antwort abzuwarten, setzte sie sich neben mich. Erst sagte sie gar nichts. Ich sagte auch nichts. Im Nichtssagen sind wir beide ziemlich gut. Aber nach einer Weile sagte sie dann doch etwas: »Philip, kann es sein, dass du nicht wolltest, dass Trine und ich zusammen in den Schulgarten kommen? Ist es dir peinlich, dass Trine und ich ein Paar sind? Hast du Phoebe dazu gebracht, die Geschichte mit den Heuschrecken zu erzählen?« Mamas Stimme klang ganz ruhig.

Ich war baff! Auf die Erklärung wäre ich nie gekommen. Mama ließ nicht locker: »Das ist nämlich, was Emma zu Trine gesagt hat. Habt ihr beide mal miteinander gesprochen?«

Jetzt klappte mir definitiv der Kiefer runter. »Ich rede nicht mit Emma.«

Mama verdrehte die Augen. Fehlpass!

»A-aber, es kann schon sein, dass Emma recht hat«, stammelte ich.

Mama nickte zufrieden. »Das haben wir uns eben auch gedacht.«

Als Nächstes sagte sie, dass ich meinen Freunden erklären solle, dass Vater-Mutter-Kind nicht die einzige Möglichkeit sei, wie man zusammenleben könne. Manche Kinder hätten eben zwei Mütter, andere nur eine Mutter. Eigentlich hätte ich ihr gerne gesagt, dass mir zwei Väter am liebsten wären, und zwar solche, die Fußball mögen. Dann würde der eine im Tor stehen und der andere zu mir flanken, oder wir würden zu dritt Rumpfbeugen mit Ball trainieren.

»Philip, hörst du mir zu?« Mama riss mich aus meinen Träumen.

»Ja, klar.« Ich nickte und versuchte, so interessiert wie möglich wegzuhören. Was Mama sich immer einbildete! Nie im Leben würde ich in der Schule über Mama und Trine sprechen. Das interessierte doch keinen Menschen. Höchstens Phoebe, und der hatte ich eh schon alles erzählt. Ich zählte innerlich bis zehn. Mama war immer noch bei ihrem Lieblingsthema – verschiedene Lebensformen kennenlernen. Vierzehn, fünfzehn, sechzehn, siebzehn ... Als ich bei vierzig angelangt war, behauptete ich, dass ich auf die Toilette müsse. Was auch nicht half. Als ich zurückkam, saß Mama immer noch auf meinem Bett.

»Und warum kann ich nicht ab und zu meinen Vater besuchen? Andere dürfen das auch!« Volltreffer! Mama verstummte augenblicklich. Dann fing sie wieder damit an, dass mein Vater nichts mit uns zu tun haben will. Das glaubte ich ihr nicht.

»Ich weiß, das ist hart für dich, Philip, aber wir müssen das akzeptieren«, sagte Mama.

Was meinte sie mit »wir«? Plötzlich bekam ich eine Riesenwut auf Mama. »Das stimmt nicht!«, schrie ich. »Du sagst das nur, weil es dir peinlich ist, dass Papa nichts mit DIR zu tun haben will.«

»Philip, hör mir zu.« Sie versuchte, mir über den Kopf zu streichen.

»Hör auf damit, Mama! Geh raus, ich würde jetzt gerne alleine sein.« Das klang sehr erwachsen.

Ich schaute zu Vitors Poster.

Mama folgte meinem Blick. »Immer noch dein Held?«

Ich starrte auf meine Füße und sagte kein Wort.

Als Mama endlich weg war, beschloss ich, zu Phoebe zu gehen. Ich griff unters Bett und packte Herrn Müller, ihren ausgestopften Fuchs, in meine Sporttasche. Leise schlich ich aus der Wohnung.

Vor Phoebes Wohnungstür hörte ich die Stimme von Kathryn. Ich musste zweimal klingeln. Dann öffnete Frederik die Tür.

»Sie ist nicht hier, sie ist mit jemandem draußen.« Frederik sah mich an und gähnte. »Willst du zocken?«

Ich schüttelte den Kopf. »Nö, ist schon okay. Ich geh dann mal wieder runter.«

Vor ein paar Wochen hätte ich alles drum gegeben, mit Frederik zu zocken, aber jetzt wollte ich unbedingt Phoebe sehen.

Am nächsten Tag ging ich noch mal hinauf. Diesmal war sie da. Doch als sie mich sah, schlug sie mir die Tür vor der Nase zu, aber nur, um sie gleich wieder zu öffnen.

»Deine Mutter hat alles meiner Mutter erzählt!«, informierte sie mich. »Vielen Dank!«

»Da kann ich aber nichts dafür!«

»Ich habe die ganze Zeit für dich gelogen, und du hättest ihr wenigstens sagen können, dass das mit der Katze nicht nur meine Idee war! Kathryn ist total durchgedreht und will mich zu irgendeinem Psychotypen schicken ...«

»Aber du wolltest doch die Katze bei uns in den Tiefkühler ...«

»Man lässt seine Freunde nicht hängen.«

»Ja, aber wir sind doch gar keine Freunde ...?«

Phoebes Augen wurden zu engen Schlitzen. »Ach ja? Stimmt!«

Dann knallte sie mir erneut die Tür vor der Nase zu, und diesmal blieb sie geschlossen.

Ich legte das Paket mit Herrn Müller vor ihre Wohnungstür und schlich die Treppe hinunter.

Kapitel 14
Noch mehr Katastrophen

»Es fühlt sich nicht richtig an,
ein Selfie ohne Sam zu machen.«

Philip

Die nächsten Tage gab ich mir Mühe, nicht mehr an Phoebe zu denken. Sie hatte nämlich recht. Wir waren keine Freunde und würden auch nie welche sein. Sie hatte einen Knall, und Frederik war auch nicht besser. Phoebe und ihre blöde Familie konnten mir gestohlen bleiben. Ich brauchte niemanden, um an mein Ziel zu kommen. Genau wie Vitor. Er hatte in der Fußball-Akademie anfänglich auch keine Freunde gehabt, weil alle neidisch auf sein großes Talent waren.

Ich war gerade dabei, mein Rad zur Haustür hinauszuschieben, als Thomas und Frederik die Treppe hinunterkamen.

»Auf dem Weg zum Training?«, fragte Thomas.

Hastig sah ich mich um. Zum Glück war die Ladentür zu. »Ja, ich muss mich beeilen.«

»Du kannst mit uns fahren.« Thomas blinzelte mir zu. »So verausgabst du dich nicht schon im Vorfeld.«

Obwohl es einfacher gewesen wäre, hatte ich überhaupt keine Lust, mir Thomas' Geschwätz anzuhören.

Ich erklärte ihm, dass ich Sam mitnehmen wollte und deshalb lieber mit dem Fahrrad fuhr. »Er läuft neben mir her, das macht er immer«, sagte ich schnell.

»Mit drei Beinen, das will ich sehen!«, sagte Frederik grinsend.

Ich blitzte ihn wütend an. Doch Thomas ließ nicht locker, und weil ich nicht länger mit ihnen im Treppenhaus herumstehen wollte, willigte ich schließlich ein.

Während der Fahrt streckte Sam seinen Kopf aus dem Fenster. Seine Ohren flatterten im Wind. Er war das Autofahren nicht gewohnt. »Ist dir schlecht?« Ich streichelte ihm über den Kopf.

Als ich aufs Feld lief, rannte Sam mir nach und bellte wieder gut gelaunt.

Herr Branko blies in seine Trillerpfeife. »Wem gehört der Hund?«

»Aus, Sam!«, rief ich und versuchte, Sam am Halsband vom Spielfeld zu zerren.

»Was soll denn das, Philip! Ihr könnt doch hier nicht eure Haustiere anschleppen!« Herr Branko sah mich kopfschüttelnd an.

»Er ist es gewohnt, mit mir Bällen nachzujagen«, sagte ich entschuldigend und zerrte Sam vom Spielfeld. Dann machte ich ihn an einer Stange hinter der Garderobe fest und rannte wieder zurück. Sam jaulte mir traurig hinterher. Herr Branko sagte, wir sollten das Passspiel üben. Immer zu zweit.

»Philip und Frederik …«

»Kann ich nicht mit Mo?«

»Blickkontakt beim Zuspiel!«, rief Herr Branko.

»Mensch, was ist mit dir los?! Konzentrier dich, Philip!«

Dann wurde Frederik endlich durch Mo ersetzt. Und wieder war Herr Branko nicht zufrieden mit mir.

»Wo stehst du? Mach Druck!« Die Stimme von Herrn Branko traf mich wie ein Tritt ans Schienbein.

Als Nächstes strauchelte ich und fiel hin.

Herr Branko schüttelte den Kopf: »Falsches Spielbein.« Dann wendete er sich Frederik zu, der inzwischen mit Luiz trainierte. »Gut, weiter so, Jungs.«

Thomas stand am Rand des Spielfeldes, obwohl das für Eltern ja eigentlich während des Trainings verboten war. Erfreut klatschte er in die Hände.

»Das hier ist keine WM«, knurrte Mo, als er am Ende des Trainings an ihm vorbeilief, und zu mir sagte er: »Mann, du warst echt scheiße.«

Ich zuckte mit den Schultern und ging hinter den Schuppen, um Sam zu holen.

»Sam?« Sams Leine lag auf dem Fußboden neben seinem Piratentuch. Mein Herz schlug mir bis zum Hals.

»Sam, wo bist du! Saaaam, komm her.« Ich rannte um den Schuppen herum.

»Da bist du ja, Philip.« Thomas kam auf mich zugelaufen. »Wir wollen gehen. Wo ist dein Hund?«

»Ich weiß nicht. Er ist weg!«, sagte ich verzweifelt.

Thomas legte mir beruhigend die Hand auf die Schulter.

»Wir finden ihn. Der kann nicht weit sein!«

Jetzt suchten wir zu dritt.

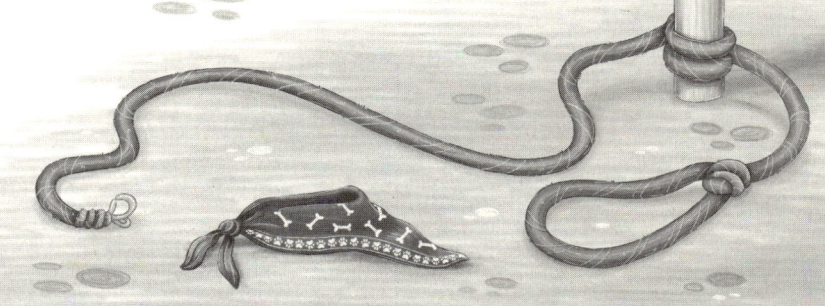

»Froschhund!«, schrie Frederik.

Wir suchten überall nach ihm. Rund um den Platz, in der Garderobe und sogar bei den Schrebergärten. Doch Sam war nirgends. Ich war kurz davor loszuheulen. Was war, wenn jemand Sam entführt hatte? Aber das konnte nicht sein. Niemand entführt einen dreibeinigen Hund.

»Vielleicht ist er nach Hause gelaufen«, sagte Thomas.

»Komm, wir fahren zurück.«

Während der ganzen Fahrt sagte ich kein Wort. Thomas schaute ab und zu in den Rückspiegel.

»Sam wurde es wohl langweilig«, erklärte er munter. »Aber mach dir keine Sorgen, Hunde sind klug, die finden immer nach Hause.« Da hatte er recht. Und Sam war besonders klug.

»Vielleicht hat ihn ja jemand überfahren, weil er nicht so schnell ist«, sagte Frederik böse.

Ich biss mir auf die Lippen. Am liebsten hätte ich ihm eine reingehauen.

Zu Hause rannte ich erst in den Laden. »Ist Sam da?« Mama redete mit einer Kundin. »Ist er nicht in deinem Zimmer?«

Ich nickte. »Ich schau nach.« Aber da war Sam nicht und auch nicht vor dem Haus und auch nicht hinten bei den Parkplätzen. Ich rannte runter zum Park, wo ich jeweils mein Runden drehte. »Sam! Wo bist du?« Keine Antwort, kein Bellen. Ich suchte überall. Im Park, auf der Straße, und sogar im Museum fragte ich nach. Vor dem Supermarkt saß Phoebe mit Juri.

»Hast du Sam gesehen?«, keuchte ich.

Phoebe sah mich erstaunt an. »Nein, wieso?«

»Wer ist Sam?«, fragte Juri und zog an seiner Zigarette.

»Ich war mit Thomas und Frederik beim Training, und Sam war auch dabei, und jetzt ist er weg«, erklärte ich atemlos.

Phoebe zuckte mit den Schultern. »Dann such ihn doch mit Thomas und Frederik, und lass mich in Ruhe.«

Ich schaute sie fassungslos an. Wie konnte man nur so gemein sein?!

»Ey, chill mal, Mann.« Juri streckte mir seine Zigarette entgegen. Der Rauch roch süßlich.

»Spinnst du, er ist ein Kind!« Phoebe nahm Juri die Zigarette aus der Hand.

Ich beobachtete sie. Für einen kurzen Moment sah sie aus wie die Phoebe, die ich kannte.

»Er trinkt Alkohol«, sagte ich und zeigte auf Juri.

Juri lachte laut auf. »Mann, was ist mit dir los?! Hast du ein Problem?«

Jetzt lachte Phoebe auch. Laut und hässlich.

Ich drehte mich um und rannte davon.

»Ich kann mir nicht vorstellen, dass Sam einfach von zu Hause weggelaufen ist. Das hat er noch nie gemacht«, sagte Mama. Dann wollte sie genau wissen, ob denn irgendetwas vorgefallen sei.

»Was?«

»Wann hast du ihn zuletzt gesehen?«

»Ich habe doch gesagt, als ich ihn im Train... also im Schulgarten ...«

»Aber du hast doch gesagt, er sei oben in deinem Zimmer?«

»Wir fahren jetzt in den Schulgarten!«, sagte Trine bestimmt.

»Aber ich habe dort schon alles abgesucht.«

»Trotzdem, vielleicht hatte er ja Angst vor einem größeren Hund und hat sich versteckt.«

Ich war bisher noch nie im Schulgarten gewesen, aber es war nicht weiter schwierig, eine passende Stelle zu finden und zu behaupten, ich hätte Sam da angebunden. Trotzdem fühlte ich mich schrecklich. Trine wollte in den Garten gehen, aber das Törchen war abgeschlossen.

Mama sah sich neugierig um.

»Schön habt ihr's hier.« Sie legte ihren Arm um meine Schulter. »Weißt du was, Philip? Wahrscheinlich können wir unseren kleinen Ausreißer demnächst bei der Polizei abholen.« Sie gab sich Mühe, fröhlich zu klingen, das merkte ich genau.

»Klar, er hat einen Chip. Alle Hunde werden gefunden.« Trine schaute mich aufmunternd an.

Nachdem wir auch noch die Gegend um den Schulgarten herum abgesucht hatten, fuhren wir nach Hause.

Ich starrte aus dem Autofenster und sagte kein Wort.

Ohne dass ich etwas dagegen tun konnte, rannen mir Tränen über mein Gesicht. Ich rutschte tiefer in den Autositz, sodass Mama und Trine mich nicht sehen konnten.

»Und, habt ihr die *dog*?« Zu allem Übel kam uns auch noch Kathryn im Treppenhaus entgegen. Offenbar hatte ihr Thomas alles erzählt.

Ich schüttelte den Kopf. »Die Polizei findet ihn«, sagte ich schnell.

Mama streichelte mir über den Kopf. »Ganz bestimmt, Philip.«

Während des ganzen Abendessens starrte ich auf Mamas Handy, das ausnahmsweise auf dem Tisch lag. Aber niemand rief an.

»Ich geh schlafen«, sagte ich.

»Jetzt schon?«

»Ich bin müde.«

In meinem Zimmer warf ich mich auf mein Bett. Vitor lachte wie immer sein Siegerlachen. »Ich will meinen Hund zurück«, sagte ich leise. Aber von Vitor kam keine Antwort.

Kapitel 15
Nachsitzen

»Es sind eigentlich immer die Mädchen, die mich
um ein Selfie mit ihnen bitten. Manche Lehrer machen da
nicht mit. Aber für mich ist das kein Problem.«

Frau König

»Sam!« Ich griff mit der Hand an die Stelle, wo Sam immer zusammengerollt auf der Decke lag, aber da war nichts. Traurig zog ich die Hand zurück. Im Traum waren Sam und ich schwimmen gegangen. Danach aßen wir eine Eiswaffel in der warmen Sonne. Sam hatte wieder vier Beine, und wir waren glücklich.

»Sollen wir am Nachmittag etwas unternehmen?«, fragte Trine beim Frühstück. »Wir könnten ...«

»Ich gehe zu Mo!«, unterbrach ich Trine.

»Das ist doch gut«, sagte Mama und fragte nicht wie sonst, ob ich denn schon alle Hausaufgaben gemacht hätte.

Besser so, denn ich hatte nicht die geringste Lust, mich um die Mathehausaufgaben, die uns Frau König aufgegeben hatte, zu kümmern. Außerdem konnte ich mich sowieso nicht konzentrieren, weil ich immerzu an Sam denken musste.

Als ich bei Mo ankam, war er nicht zu Hause.

»Er ist mit seinen Kumpels unterwegs«, erklärte mir sein Bruder Granit und gähnte.

Aus der Küche roch es nach gebratenem Fleisch. Jetzt kam Mos Mutter in den Flur und fragte, ob ich etwas essen wolle.

»Nein, danke, ich muss nach Hause«, sagte ich, obwohl das gar nicht stimmte.

Ich ging zurück zu meinem Rad. Gleich hinter Mos Siedlung gab es eine riesige Baustelle. Mo hatte mir mal erzählt, dass sich sein Cousin da manchmal nachts mit seinen Freunden traf.

Ich stieg vom Rad, stellte mich an den Zaun und starrte durch die Drahtkreise. Ich musste an Sam denken.

Was war, wenn er auf dem Weg nach Hause in eine Baugrube gefallen war? Mit nur drei Beinen hatte er doch keine Chance, wieder hochzuklettern.

»Na, Junge, guckst du dir den Bagger an?« Ein alter Mann stellte sich neben mich. »Mein Sohn hat früher auch immer stundenlang an Zäunen gestanden, um den Baggerfahrern zuzuschauen. Unglaublich, wie schnell die heutzutage vorwärtskommen.«

»Heute ist aber Sonntag, da arbeitet niemand«, erklärte ich.

»Du willst wohl Baggerführer werden?«, fragte der Mann unbeirrt weiter.

Ich schüttelte den Kopf. »Fußballer.«

»Ja, ja, das wollen alle. Aber gelingen tut es nur wenigen.« Der alte Mann pfiff durch die Zähne, was ein unangenehmes hohes Geräusch gab.

»Ich suche meinen Hund«, sagte ich.

»Und der ist da drin?« Der alte Mann spähte neugierig durch den Zaun.

»Keine Ahnung«, sagte ich.

Der alte Mann überlegte. »Der kommt schon wieder. Hast du nach ihm gerufen?«

Ich nickte.

»Vielleicht hat er dich nicht gehört. Ich höre auch nicht mehr so gut.« Der Mann lachte, als hätte er einen Witz gemacht.

»Sam hört gut«, sagte ich beleidigt.

»Dann ist er vielleicht dort oben durch den Zaun gekrochen. Weißt du, wo?«

Ich schüttelte den Kopf. Der alte Mann erklärte mir, dass es weiter oben, bei der Straße, eine große Lücke im Zaun gäbe. Dann brummte er, das Loch müsste schon längst geflickt sein, aber offenbar fühle sich niemand dafür zuständig.

Das war eine gute Gelegenheit, mich von ihm zu verabschieden. »Tschüss, ich geh mal da schauen.« Ich ließ den alten Mann stehen und lief zur Straße. Mein Magen knurrte. Seit gestern Mittag hatte ich kaum etwas gegessen. In Mos Siedlung gab es einen Kiosk, der immer aufhatte. Ich kaufte mir einen Schokoriegel und eine kleine Tüte Chips. Für ein Getränk reichte mein Geld nicht.

Zu Hause war alles ruhig. Mama und Trine waren weg.

Vielleicht waren sie ja Sam suchen – mit Trines Auto. Doch dann kam mir in den Sinn, dass sie zusammen zu einer Ausstellung wollten. Ich begann zu weinen.

»Sam, bitte komm zurück.« Nach einer Weile holte ich Vitors Buch hervor, aber die Buchstaben tanzten vor meinen Augen, und ich konnte mir überhaupt nicht merken, was ich las. Schließlich legte ich das Buch wieder weg und starrte für den Rest des Nachmittags Löcher in die Luft.

Am Dienstagmorgen fragte uns Frau König nach den Mathehausaufgaben.

»Ich hatte keine Zeit«, sagte ich, nachdem sie alle Arbeiten durchgezählt hatte.

Frau König sah mich kopfschüttelnd an. »Philip! Das geht so nicht. Ihr hattet genug Zeit. Komm bitte in der Pause zu mir.«

Was dann kam, war nicht sehr überraschend. Frau König sagte, ich sei in den letzten Wochen unkonzentriert und würde mich nicht genügend anstrengen. Dabei hatte ich mich in den letzten Wochen sehr wohl angestrengt. Nämlich dahingehend, der beste Fußballer aller Zeiten zu werden. Aber davon hatte Frau König keine Ahnung.

»Ist etwas vorgefallen, das ich wissen müsste?«

»Nein, gar nichts.«

»Und warum erledigst du deine Aufträge nicht?«

»Weil ich keine Lust habe«, antwortete ich patzig.

Frau König schaute mich ernst an und sagte, sie sei schon ein bisschen enttäuscht von mir, und sie sage das auch nur, weil sie wisse, dass ich mehr draufhabe.

Was mich noch viel wütender machte. Offenbar dachte sie, ich würde auf diesen Lehrertrick reinfallen.

»Wir müssen lernen, mit unseren Enttäuschungen alleine fertigzuwerden«, entgegnete ich.

Frau König sah mich entgeistert an. »Es gibt keinen Grund, frech zu werden, Philip.«

»Das war nicht frech! Vitor Santos sagt das auch«, versuchte ich mich zu verteidigen. »Ich habe sein Buch gelesen! Es ist das klügste Buch, das es gibt. Viel besser als das Buch, das wir in der Schule lesen müssen.«

Doch anstatt sich zu freuen, dass ich ein Buch gelesen hatte, sagte Frau König, ich müsse morgen Nachmittag die Matheblätter ausfüllen.

Und zwar nicht zu Hause, sondern hier in der Schule.

»Das geht leider nicht«, sagte ich so höflich wie möglich. »Da muss ich ins Fußballtraining.«

»Dann werden die dort ohne dich auskommen müssen«, sagte Frau König mit einer Stimme, die jeden Widerstand zwecklos machte.

»Ich sag Branko, du hättest eine schlimme ansteckende Krankheit«, bot mir Mo großzügig an.

»Meinst du, er ist wütend auf mich, wenn ich nicht komme?«

»Hundert Pro«, sagte Mo.

»Als ich dreimal hintereinander fehlte, wollte er mich aus dem Club schmeißen«, erklärte Benji strahlend. »Aber dann hat meine Mutter angerufen und mit ihm geredet. Leider.« Es war das erste Mal, dass Benji zugab, dass er eigentlich gar nicht so gerne Fußball spielte.

»Sam ist abgehauen«, sagte ich.

Mo schaute mich mitleidig an. »Scheiße, Mann, den hat be-stimmt deine komische Nachbarin gekillt. Selims Mutter hat mei-ner Mutter erzählt, dass die ihre Katze häuten wollte. Echt krass.«

»Ja, die spinnt komplett«, sagte ich.

»Du musst zur Polizei«, erklärte Benji. »Mein Onkel arbeitet bei der Polizei.«

»Ich komme mit, Bro!«

»Meine Mutter hat schon mehrmals angerufen«, sagte ich.

»Vielleicht kommt er ja von allein zurück«, sagte Benji.

Aber Sam blieb verschwunden.

Kapitel 16
Juri

»Bei meinem krassesten Selfie stand ich
auf einem Brückengeländer – 500.000 Likes in
nur einer Stunde.«

Juri

»He, was machst denn du da, Kleiner? Hast du Scheiße gebaut?«
Juri sah mich grinsend an.

»Ich muss Mathe machen«, brummte ich.

Frau König hatte mich in den Sitzungsraum neben dem Team-
zimmer gebracht, damit ich meine Matheaufgaben da in Ruhe
lösen konnte.

Juri stand auf und begutachtete meine Blätter.

»Ihr sollt arbeiten, nicht quatschen, und du, Juri, setzt dich bitte
wieder an deinen Platz.« Eine Lehrerin, die ich nicht kannte, stand
am Kopierer und drehte sich zu uns um.

»Wir können aber nicht arbeiten, weil der Kopierer so einen
Krach macht, Frau Lehmann.«

Die Lehrerin verdrehte die Augen. »Dann hast du jetzt bald wieder Ruhe, Juri.« Dann ging sie raus.

Juri drückte auf seinem Handy herum. »Mann, ist das geil!«

»Kann ich auch schauen?«

Juri hielt mir großzügig sein Handy hin. Zwei Teenager sprangen von einem Hausdach zum nächsten.

»Voll krass«, sagte ich.

»Roofer«, erklärte mir Juri. »So etwas machen einige von uns jeden Tag.« Juri nickte zufrieden und zeigte mir noch weitere Aufnahmen.

Auf einer balancierte ein Mädchen auf einem Baugerüst und spielte dazu Querflöte.

»Das ist Kaja. Sie ist die Beste.«

»Warst du schon mal auf einem Kran?«

Juri schüttelte den Kopf. »Alter, wenn du da oben ein Selfie machst ...« Juri pfiff durch die Zähne. Dann erklärte er mir, dass es nicht so einfach sei, weil alle Baustellen streng bewacht würden. Auch nachts.

»Stimmt«, sagte ich und tat so, als ob ich mich auskennen würde.

Juri zeigte mir noch weitere Filmchen. Ich war ziemlich beeindruckt. Ich hatte ihn völlig falsch eingeschätzt. Juri war richtig nett und überhaupt nicht eingebildet. Vielleicht waren wir uns sogar ein bisschen ähnlich. Beide mutig und so.

»Ich kenne eine Baustelle, wo man super gut durch den Zaun schlüpfen kann.« Ich erzählte Juri von der Baustelle in der Nähe von Mos Siedlung.

»Echt, ist mir noch nie aufgefallen, obwohl ich da ganz in der Nähe wohne.«

»Doch! Ich zeig's dir, wenn du willst.«

Ich tauschte mit Juri die Handynummer, und er sagte, er würde sich eventuell melden. Juri tippte etwas in sein Handy. »Ich mach 'nen Abgang«, teilte er mir mit und verließ das Zimmer, ohne dass er auch nur einen Buchstaben auf sein Blatt geschrieben hatte. Juri war echt mutig.

Ich beugte mich über mein Blatt und versuchte, weder an Sam noch an das verpasste Training zu denken. Als plötzlich die Tür aufging, zuckte ich zusammen. Frau Lehmann kam wieder rein. »Wo ist Juri?«

»Keine Ahnung«, sagte ich so cool wie möglich.

Frau Lehmann seufzte und meinte, Juri habe damit seine letzte Chance vertan. Ich zuckte mit den Schultern, damit sie merkte, dass mich das nicht die Bohne interessierte.

Als ich endlich gehen durfte, traf ich auf dem Schulhof auf Phoebe. »Wartest du auf Juri? Der ist längst weg.«

Phoebe machte eine Grimasse. »Interessiert mich das?«

»Wieso, er ist doch dein Freund?«

»Quatsch!« Phoebe holte tief Luft.

»Wenn schon, dann mein Ex-Freund. Merkst du den kleinen Unterschied? Er liegt in den zwei Buchstaben E und X.«

»Ich finde ihn schwer in Ordnung«, sagte ich genüsslich. Mal sehen, wie sie darauf reagierte. Ich war nämlich immer noch sauer auf Phoebe, weil sie mich die ganze Zeit ignorierte oder herablassend behandelte, was noch schlimmer war. Ich erzählte ihr, dass Juri und ich vorhatten, auf eine Baustelle zu gehen, um so ein Roofer-Dingsbums-Video zu drehen. Dabei tat ich so, als wären Juri und ich beste Kumpels.

»Das tust du nicht!«, unterbrach mich Phoebe.

»Doch, das geht dich gar nichts an!«

»Jetzt hör mir mal gut zu. Juri ist zwei Nummern zu groß für dich. Du bist ein kleiner Junge, der Fußballer werden will. Und das ist schön und gut, und dabei lassen wir es!« Ich hasste es, wenn sie so mit mir sprach. Ich guckte auf ihre Hände. Sie trug einen dunkelgrünen Nagellack, der schon an einigen Stellen abgeblättert war. Scheußlich! »Mann, ich rede mit dir.« Phoebe schaute mich eindringlich an. Ich schaute trotzig an ihr vorbei.

»Was ist mit Dreibein?«

Phoebes Frage traf mich mitten ins Herz.

»Er ist immer noch weg.«

»Du hättest dich besser um ihn kümmern müssen. Er hat sich vernachlässigt gefühlt, und deshalb ist er abgehauen.«

»Hör auf! Das ist nicht wahr!«, schrie ich. »Du bist so eine blöde Kuh!«

Ohne mich noch einmal umzudrehen, ließ ich Phoebe auf dem Schulhof stehen.

Auch die nächsten Tage kam Sam nicht zurück.

Mama und Trine waren bei der Polizei gewesen, um nachzufragen, ob jemand einen Unfall mit einem dreibeinigen Hund gemeldet hatte, und Trine rief sämtliche Tierheime an. Aber niemand wusste etwas.

Kapitel 17
3:0 für die Blitze

*»Selfie? Ich filme meinen Sohn,
damit er sein Spiel verbessern kann.«*

Ibrahim Prifti, Mos Vater

Am Samstag schlich ich mich wie gewohnt zur Wohnungstür, um nach Neufeld zu fahren. Die *Kickers* sollten gegen die *Dippelsberger Blitze* spielen.

»Gehst du in den Schulgarten?« Mama steckte ihren Kopf aus dem Badezimmer.

Ich zuckte zusammen. »Ja, wieso?«

»Du musst nicht gehen, falls es dir zu viel ist. Wir können auch zusammen etwas unternehmen.«

Ich schaute sie entsetzt an.

»Damit du auf andere Gedanken kommst – wegen Sam ...« Mama lächelte. Sie erzählte mir, Kathryn habe gesagt, Thomas und Frederik würden zu einem Fußballspiel fahren und könnten mich mitnehmen. »Ich könnte freinehmen ... Dann fahren wir alle zusammen. Trine und Emma würden auch mitkommen. Hast du Lust?«

Ich schüttelte heftig den Kopf. »Nein, Mama! Ich will in den Schulgarten. Wegen Sam, falls er da auftaucht ...« Das war meine letzte Chance, sie abzuwehren.

»Na klar, wenn du das lieber willst.« Mama nickte verständnisvoll, dann kam sie auf mich zu und drückte mich so fest, dass ich fast keine Luft mehr bekam. Alles in mir war angespannt, und ich kam mir fies und gemein vor. Die letzten Monate dachte ich immer, dass Mama alles verstehen würde, wenn ich erst ein berühmter Fußballer war. Aber jetzt war ich mir nicht mehr so sicher. Ich wand mich aus ihrer Umarmung und rannte die Treppe hinunter.

Als ich auf dem Platz ankam, regnete es in Strömen. Immerhin war Herr Branko bestens gelaunt. Er erwähnte mit keinem Wort, dass ich beim Training gefehlt hatte. Mos Vater redete auf ihn ein und fuchtelte dabei mit einem altmodischen Schirm herum. Innerhalb kürzester Zeit war der Rasen aufgeweicht, und es gab überall braune Stellen. Ich will der Beste sein, redete ich mir ein. Genau wie Vitor. Doch die gegnerischen *Blitze* waren uns von Anfang an deutlich überlegen. Und dann schoss Luiz auch noch zweimal daneben. Mo bemühte sich um einen Freistoß, indem er ein Foul vortäuschte. Doch der Schiedsrichter fiel nicht auf sein Gejammer rein, übersah aber danach ein echtes Foul. Darauf rannte Mos Vater mit rotem Kopf und aufgespanntem Schirm aufs Spielfeld und schrie den Schiedsrichter an. Es ging so weit, dass das Spiel für kurze Zeit unterbrochen werden musste.

Die nächste Chance kam kurz vor Schluss. Mo passte, ich rannte dem Ball entgegen, so wie ich das schon tausendmal gemacht hatte, und strauchelte. Mein Knie schmerzte. Tränen schossen mir in die Augen. Danach ein Konter, ich rannte wieder los und fiel erneut hin. Die *Blitze* markierten das zweite Tor und dann das dritte.

Jubel! Ich stampfte wutentbrannt auf den Rasen, und dann war alles vorbei. Die *Blitze* gingen als verdiente Sieger vom Platz. Mo heulte. »Nun, mein Sohn, wenn man mehr gibt als die anderen, leidet man auch mehr als die anderen, wenn man verliert. Das ist normal«, sagte Mos Vater und klopfte seinem Sohn tröstend auf die Schultern.

Ich starrte ihn mit offenem Mund an.

Das war doch Vitors kluger Satz. Woher kannte er ihn, und wieso sagte er das zu Mo? Ich hatte mich doch auch mehr als alle anderen eingesetzt. Auch mehr als Mo!

Ich hatte keine Lust, mit den Jungs Kuchen zu essen, und schlich zu meinem Rad.

»Philip!« Herr Branko kam direkt auf mich zugesteuert. »Was ist los, Junge? Du kommst nicht zum Training, und wenn du da bist, bist du unkonzentriert und hüpfst wie ein aufgeschrecktes Kaninchen über den Rasen.« Herr Branko machte eine Pause und grinste schief. »Hör mal, es ist auch okay, wenn du von jetzt an nur noch einmal die Woche ins Training kommst ... Vielleicht ist das ja alles zu viel für dich ...«

»N-nein, warum? Ich will doch der Stolz der *Kickers* sein.« Das war mir so rausgerutscht.

Herr Branko nickte. »Das weiß ich doch, Junge.« Dann gab er mir einen Knuff. »Jetzt hol dir ein Stück von der Schokoladentorte, bevor sie weg ist.« Herr Branko grinste freundlich. So, als wäre nichts gewesen.

Seine Worte hallten immer noch in meinem Kopf nach. Herr Branko verstand gar nichts! Wenn man ein Star werden will, geht man nicht nur einmal ins Training. Ohne mich von ihm zu verabschieden, schwang ich mich auf mein Rad und fuhr davon. Alles, wofür ich gekämpft hatte, war ins Wanken geraten.

Zu Hause ging ich in mein Zimmer und knallte die Tür hinter mir zu. Vitor sah lächelnd auf mich herunter, als wäre nichts geschehen. Wieso konnte ich nicht so sein wie er?! Vitor konnte mir nicht helfen. Niemand konnte mir helfen. Ich stieg auf einen Stuhl und riss hektisch das Poster von der Wand. Dabei schnitt ich mir mit dem Papier in die Hand. Ein paar Blutstropfen landeten auf der weißen Schreibtischplatte. Mit dem Zeigefinger fuhr ich über die Tischplatte.

Kurz darauf vibrierte mein Handy. Eine Nachricht von Juri: *Bereit für die Challenge? (Totenkopf-Emoji.) Heute Abend um acht beim Kiosk Nähe Baustelle.*

Mein Herz klopfte mir bis zum Hals, und meine Finger zitterten. Ich schrieb: *Bereit.*

Kapitel 18
Angst

»Ich weiß nicht, ob Juri von mir ein Foto
aufgenommen hat. Aber ein Selfie habe ich
ganz bestimmt nicht gemacht.«

Philip

Schnell schrieb ich für Mama auf einen Zettel, dass ich bei einem Freund zum Abendessen sei und dass seine Mutter mich danach nach Hause fahren würde.

Ich musste schon vor dem Abendessen weg sein, damit Mama keine Fragen stellte und mich so zwang, noch mehr Geschichten zu erfinden.

Damit die Zeit schneller verging, beschloss ich, mit dem Bus zur Endstation und wieder zurück zu fahren. An der Haltestelle traf ich auf Phoebe. Neben ihr stand ein Mädchen, das ich nicht kannte.

»Auf dem Weg zum Joggen?« Phoebe grinste und erklärte dem Mädchen, dass ich ihr Nachbar sei und ein strenges Fußball-Trainingsprogramm absolvieren würde. Sie tat so, als wäre nichts und als ob wir uns bestens verstehen würden.

»Ich treffe mich mit Juri, wenn du es genau wissen willst«, sagte ich stolz. Das saß!

Phoebe schaute mich misstrauisch an. »Um was zu tun?«

»Geht dich nichts an!«

»Aber ich will es trotzdem wissen.« Phoebe ließ nicht locker.

»Nichts, ich habe nur Spaß gemacht.« Sehr überzeugend klang das nicht. Aber besser, Phoebe wusste nichts, denn sonst würde sie es womöglich noch ihrer Mutter erzählen.

Bevor sie noch etwas sagen konnte, kam der Bus. Ich stieg ein und ließ die beiden zurück.

Als ich bei der Baustelle ankam, war ich immer noch zu früh. Eine Weile saß ich auf dem Spielplatz auf einer Schaukel und wippte gelangweilt auf und ab. Dann ging ich zum Kiosk und kaufte ein Eis. Halb acht. Die Zeit wollte einfach nicht vergehen.

Als Juri endlich kam, war es schon fast neun. Es war aber immer noch hell.

Wir fanden die Öffnung sofort.

»Wir gehen auf den Kran«, beschloss Juri.

»So hoch?«

»Schiss? Du musst nicht bis nach oben klettern. Ich kann auch vorher ein geiles Foto von dir machen.«

Ich schüttelte den Kopf. »Ich habe keine Angst!«

Juri ging voran.

Er machte ein Selfie unter dem Kran, dann noch eines auf der ersten Verstrebung. Juri war ein schneller Kletterer.

Ich sah hoch. Dann setzte ich einen Fuß auf die Verstrebung und hangelte mich hinauf. Ich griff nach der nächsten Verstrebung. Ich war erst wenige Meter über dem Boden. Vorsichtig schaute ich hinunter. Mein Herz schlug so heftig, dass es schmerzte.

Für einen kurzen Moment schloss ich die Augen. Bloß nicht mehr hinunterschauen. Krampfhaft klammerte ich mich an der Verstrebung der Eisenstangen fest. Es fühlte sich an, als wäre jeder einzelne meiner Finger am kalten Metall festgeklebt. Ich hatte Angst und keine Ahnung, was ich als Nächstes tun sollte. Ich traute mich weder rauf noch runter. Jede Sekunde, die ich hier verharrte, machte es für mich noch schwieriger. Unsicher schaute ich jetzt zu Juri hoch.

»Alles klar da unten?« Juri zog geräuschvoll den Rotz durch die Nase und spuckte aus.

Hatte er mit seiner Spucke meinen Schuh getroffen? Ich wagte nicht, nach unten zu sehen. Trine sagt, wenn man zu viel Angst hat, um nach unten oder nach oben zu schauen, dann ist es das Beste, man schaut geradeaus. Ich starrte auf die Stange direkt vor meiner Nase. Trine, Mama und auch Vitor waren weit weg. Meine Schläfen pochten. »Sam.«

»Hast du was gesagt? Willst du wieder runter?«

Ich hob meinen Kopf wie in Zeitlupe.

Juri grinste mir aufmunternd zu und rief: »Ich mach ein Foto von dir!«

Ich nickte vorsichtig. Meine Knie zitterten jetzt so fest, dass sie gegen das Metall schlugen. Ich presste die Zähne zusammen und zog mich mit der linken Hand weiter nach oben und holte meinen Fuß nach. Inzwischen war Juri ein ganzes Stück weiter oben. Bis zu ihm waren es noch unzählige Meter. Juri war jetzt nur noch ein schwarzer Schatten mit einem leuchtenden Punkt. Sein Handy.

Unten schrie jemand. Dann hörte ich ein Bellen. War das Sam? Ich schaute hinunter und hangelte mich gleichzeitig zur nächsten Verstrebung. Und dann passierte es: Mein Fuß rutschte ab, ich schlug mit dem Körper gegen das Metall, und im nächsten Moment wurde alles schwarz.

Kapitel 19
Ein Selfie, Phoebe und ich

*»Phoebe und ich haben zusammen
ein Selfie gemacht. Philip mit Gips, Phoebe
mit Herrn Müller. Das sieht ziemlich
abgefahren aus.«*

Philip und Phoebe

Das Erste, was ich sah, nachdem ich die Augen wieder geöffnet hatte, war Phoebe.

»Er ist wach! Alles okay, Philip?«

Neben ihr standen Mama und Trine.

»Wo bin ich?«

»In der Julius-Klinik!«

»Lebe ich noch?«

Phoebe grinste. »Was schätzt du?«

»Was ist dir bloß eingefallen, Philip, wie bist du nur auf eine so dumme Idee gekommen? Du hättest dir das Genick brechen können.« Mamas Stimme überschlug sich. So aufgebracht hatte ich sie noch nie gesehen.

»Das war ein Riesenschreck für uns beide«, sagte Trine und legte Mama beruhigend die Hand auf den Arm.

»Wo ist Juri?«, fragte ich.

»Dem ist nichts geschehen, aber euer Ausflug dürfte für den jungen Herrn noch einigen Ärger nach sich ziehen«, sagte Mama.

»Juri kann nichts dafür. Es war meine Idee.«

»Aber es war trotzdem verantwortungslos von ihm.«

»Pst ...« Trine machte Mama ein Zeichen, nicht weiterzureden. »Philip braucht jetzt Ruhe«, sagte sie.

Ich nickte dankbar und schlief wieder ein.

Später erfuhr ich von Phoebe, was an diesem Abend noch passiert war. Nachdem Juri Fotos von sich und mir gepostet hatte, wusste Phoebe, wo wir waren. Deshalb war sie auch gleich da, nachdem ich runtergefallen war. Phoebe sagte, ich hätte Glück gehabt und mir nur den Arm und die Schulter gebrochen. Außerdem hätte ich eine kleine Gehirnerschütterung. Na ja, so stellt man sich Glück nicht vor, aber Phoebe meinte, ich hätte auch tot sein können.

Ich war mir nicht sicher, ob sie nicht wieder einmal übertrieb. Aber es war trotzdem nett, dass sie mich gerettet hatte.

Seit dem Unfall sind überhaupt alle super verständnisvoll.

Sogar Emma hat mich schon besucht. Als Geschenk hat sie mir einen Fußball mitgebracht.

Bei ihrem nächsten Besuch sagte Mama, Herr Branko habe sie angerufen und würde mir ebenfalls gute Besserung wünschen. Die Nummer hatte er von Phoebe.

Mama sah mich prüfend an. So als erwartete sie, dass ich etwas sage. Sie erwähnte nicht, dass ich sie all die Wochen angelogen hatte. Mit dem Schulgarten und der Klarinette und so. Und weil ich nicht wollte, dass sie sich das Geschimpfe für später aufsparte, wenn ich wieder ganz gesund war, beschloss ich, ihr sofort alles zu erzählen. Phoebe sagt, das brauche mehr Mut, als zu lügen. Und ich glaube, damit hat sie recht.

Mama hörte mir zu und unterbrach mich kein einziges Mal.

»Bist du jetzt böse auf mich?«

Mama schüttelte langsam den Kopf.

»Aber du bist enttäuscht.«

»Ich hätte mir einfach gewünscht, dass du mir die Wahrheit sagst.«

»Aber du hättest mir nie erlaubt ...«

Mama strich mir über die Hand. »Ach Philip, vielleicht habe ich das ja alles tatsächlich ein bisschen unterschätzt. Ich dachte halt, wenn du erst den Wechsel geschafft hast, kannst du noch immer ...«

»Ich weiß, Mama!« Wenn sie erst wieder damit anfing, hörte sie nie auf.

Mama lächelte. »Ist schon gut. Du wirst deinen Weg schon machen.«

Vitor sagt: *Ein guter Fußballer ist einer, der schnell wieder aufsteht, nachdem er hingefallen ist.*

Ich glaube, damit hat er recht.

»Kennst du eigentlich die Biografie von diesem Santos?« Konnte Mama neuerdings Gedanken lesen? Sie schaute mich fragend an. »Trine hat dir nämlich das Buch gekauft. Sie dachte, es würde dich aufmuntern.«

Ich grinste. »Das ist nett von ihr, aber vielleicht lese ich auch lieber etwas anderes. Einen Comic oder so.«

»Spiderman kann gut klettern«, sagte Mama, worauf wir beide lachen mussten.

Nach zwei Wochen durfte ich endlich wieder nach Hause. Mo kam mit ein paar Jungs von den *Kickers* vorbei. Frederik war auch dabei. Er hatte sich jetzt definitiv entschieden, bei den *Kickers* zu trainieren. »Du fehlst. Ohne rechten Außenstürmer ist es echt scheiße«, erklärte mir Frederik. So als wären wir beste Kumpels und hätten schon immer zusammengespielt.

»Ja, du fehlst uns«, sagte Benji und streckte mir eine Tüte mit Schokodrops entgegen. »Hat mir meine Ma für dich mitgegeben.«

Phoebe kam jeden Tag vorbei. Einmal traf sie auf Mo, der sofort wissen wollte, ob wir jetzt ein Paar sind.

»Wir sind Besties«, sagte Phoebe. »Stimmt's, Kleiner?«

Ich nickte. »So etwas in der Art.«

Als Mo weg war, blieb Phoebe einfach sitzen. Sie zeigte auf die Stelle, wo früher das Poster von Vitor gehangen hatte. »Genug von Papa?« Phoebe grinste.

»Vitor Santos ist nicht mein Vater«, sagte ich schnell. »Mein Vater lebt immer noch auf dieser Ferieninsel. Er hat eine eigene Familie. Er interessiert sich nicht für uns.«

»Das ist hart.« Phoebe seufzte. »Tut mir leid ...«

»Was?«

»Keine Ahnung, aber ich bin auch ein bisschen schuld.«

Phoebe erzählte mir, dass sie das mit meinem Vater längst gewusst hatte, weil Mama es Kathryn erzählt hatte und Kathryn nichts für sich behalten konnte. »Aber ich fand die Geschichte mit

Vitor Santos irgendwie cool. Vor allem weil mein Bruder sie geglaubt hat. Der war für eine Weile richtig eifersüchtig.« Phoebe kicherte. Dann wurde sie plötzlich wieder ernst und sah mich prüfend an. »Erträgst du noch mehr Wahrheit?«

»Wieso? «

Phoebe holte tief Luft. »Thomas ist mein richtiger Vater. Den Kanadier habe ich erfunden.«

»Warum?«

Phoebe zuckte mit den Schultern und schwieg.

»Weil du dir gewünscht hast, dass es so wäre?«

Sie nickte.

»Genau wie bei mir.«

»Stimmt, genau wie bei dir. Und was wünschst du dir jetzt?«

»Dass Sam wieder da ist.«

Aber mein Hund blieb verschwunden. Mama meinte, im besten Fall habe ihn jemand mitgenommen und im schlechtesten sei er von einem wilden Tier angegriffen worden. Aber das wollte ich nicht glauben. Als ich wieder rausdurfte, suchten Phoebe und ich immer wieder den Wald ab. Phoebe meinte, sie könne vielleicht im Sommerkurs einen Sam nachbauen. Aus Fellresten und so. Aber Sam kann man nicht kopieren. Niemand kann das, auch Phoebe nicht. Und dann sagten alle, ich solle mich damit abfinden, dass Sam weg ist, aber das wollte ich noch viel weniger.

Und dann, kurz vor den Herbstferien, kam Herr Marek in Mamas Laden marschiert. Ich war auch da, weil ich Mama beim Beschriften der Preisschilder helfen sollte.

»Der gehört doch hierher.« Herr Marek schaute finster drein. »Der kam vorhin zu mir in den Laden und hat gleich auf meinen Perserteppich gepinkelt. Ich gehe davon aus, dass Sie die Reinigungskosten ...« Weiter kam er nicht. Neben ihm zerrte ein kleiner dreibeiniger Hund an einer dicken Schnur und bellte wie verrückt.

«Sam!!!«, schrie ich.

Sam riss sich los und hüpfte wie wild um mich herum. Er sah dünn aus, und sein Fell war zerzaust.

Ich drückte Sam so fest, dass er entsetzt aufjaulte.

Und dann leckte er meine Hand. So wie immer.

»Du bist wieder da.« Tränen rannen mir übers Gesicht. Ich schwöre: Das war der glücklichste Tag in meinem Leben.

Als ich Phoebe später davon erzählte, meinte sie, ich könne mich wirklich glücklich schätzen. Denn solche Happy Endings gäbe es sonst nur in Kinderbüchern.

So, das wäre es gewesen von mir und meiner Geschichte. Habe ich noch was vergessen?

Natürlich! Nämlich, dass ich inzwischen hochoffiziell bei den *Kickers* spiele. Und offiziell heißt, dass Mama keines meiner Spiele verpasst und Trine sogar ab und zu einen Kuchen backt. Mama sagt, sie sei stolz auf mich und ich hätte wirklich Talent. Beim letzten Spiel trug sie sogar das T-Shirt, das Emma extra für sie bedruckt hatte. Was ich ein bisschen peinlich fand. Darauf stand: »Spieler-Mama!«

Und Vitor Santos? Er ist für mich der beste Fußballer der Welt und wird es auch für immer bleiben. Aber da, wo sein Poster hing, hat Phoebe mit Kaugummi ein Foto von Mo, Benji und mir an die Wand geklebt. Sie hat es nach unserem letzten Spiel aufgenommen. Wir machen alle drei eine Siegerpose, sogar Benji. Ich finde, dass wir aussehen wie Fußballstars.